匡亚明 主编 中国思想家评传丛书

郦道元评传

陈桥驿 著

南京大学中国思想家研究中心
南京大学出版社

中国思想家评传丛书

《中国思想家评传丛书》序

匡亚明

伟大的中华民族在长达五千年连绵不断的曲折发展过程中，像滚滚东流的长江那样，以磅礴之势，冲破了重重险阻，奔腾向前，现在更以崭新面貌，雄姿英发，屹立于世界民族之林。这是人类历史上的一个奇迹。产生这一奇迹有诸多原因，其中十分重要的一点，就是我们勤劳、勇敢、智慧的各族人民，在长期的生产活动、社会活动、思维活动和对外交往以及抗击外来侵略过程中，逐渐创造、积累、发展了具有以生生不息的内在思想活力为核心的优秀传统思想文化。这是一种伟大、坚强的精神支柱，是我们民族凝聚力和生命力之所在，是历史留给我们所有海内外炎黄子孙引以自豪的无价之宝。

当然，和各国各种不同传统思想文化一样，在中华民族的思想文化传统中，也是既有精华，又有糟粕，因而全盘肯定或全盘否定，不对；一知半解、信口开河或裹足不前、漠然置之，也不对。郑重而严肃的态度应该是对它进行实事求是的科学的研究和分析，取其精华，弃其糟粕，继承和弘扬这份瑰宝，振兴中华，造福人类。人类历史发展的连续性，就是在不断去粗取精、继往开来和改革创新过程中实现的。继往是为了开来，开来不能离开继往。民族虚无主义和复古主义，都是违背历史发展的辩证规律的。

现在我们国家正处在一个新的继往开来迈向四化的关键时刻。继往就是继民族优秀传统之往，开来就是开社会主义现代化建设之来。对中国传统思想文化从广度和深度上进行系统研究，实现去粗取精的要求，正是继往开来必须完成的紧迫任务。我认为这是中国各族人民，首先是文化界、学术界、理论界义不容辞的光荣职责。但面对这一时间上长达五千年，内容上涉及人文科学、自然科学等各个领域的传统思想文化，将从何着手呢？毛泽东同志早在1938年就说过："从孔夫子到孙中山，我们应当给以总结，承继这一份珍贵的遗产。"① 这是很有远见而又切合实际的英明建议。从孔子到孙中山这两千余年是中国历史上思想文化最丰富的时期，如果总结了这段历史，也就基本上总结了五千年传统思想文化的主要内容。当然，基本上不等于全部。孔子以前和孙中山以后的情况，可以另行研究。因此，我认为首先最好是在时间上从孔子开始到孙中山为止，方法上采取《中国思想家评传丛书》的形式作为实现这一任务的开端。这就是从这段历史的各个时期、各个领域和各个

---

① 毛泽东《中国共产党在民族战争中的地位》，《毛泽东选集》第2卷，人民出版社1952年版，第522页。

学科(包括文、史、哲、经、教、农、工、医、政治等等)有杰出成就的人物中,遴选二百余人作为传主(一般为一人一传,少数为二人或二人以上合传),通过对每个传主的评述,从各个侧面展现那些在不同时期、不同领域中有代表性人物的思想活力和业绩,从而以微见著、由具体到一般地勾勒出这段历史中中国传统思想文化的总体面貌,揭示其积极因素和消极因素的主要内涵,以利于开门见山、引人入胜地批判继承、古为今用,也为进一步全面系统地总结中国传统思想文化打下基础。自从毛泽东同志提出上引建议后,半个世纪以来,不少专家学者已从各个方面做了许多工作,但对全面完成这个任务来说还远远不够,还要在深度和广度上继续努力。作为"抛砖引玉",本《丛书》只是这个继续努力所应完成的工作的一部分。《丛书》凡二百部,约四千万言,自 1990 年开始陆续出版,争取十到十五年全部出齐。

《丛书》所以用"中国思想家评传"命名,主要是考虑到中国传统思想文化中的核心是生生不息的内在思想活力,而历史事实也反复证明,凡是在各个不同时代不同领域和学科中取得成就者,大多是那些在当时历史条件下自觉或不自觉地认识和掌握了该领域事物发展规律的具有敏锐思想的人。他们取得成就的大小,取决于思想上认识和反映这些规律的程度如何。思想并非先验之物,它所以能反映和掌握这些规律,主要是通过社会实践和对前人思想成果的借鉴和继承。思想一旦形成,反过来在一定程度上又对实践起决定性指导作用。

韩愈说的"行成于思，毁于随"[①]，列宁说的"没有革命的理论就不会有革命的运动"[②]，这些话，虽所处时代和所持立场不同，所要解决的问题的性质也不同，但就认识论中思与行、理论（思想的高度概括）与实践的关系而言，确有相通之处，即都强调思想对实践的指导意义和作用。因此我们以"中国思想家评传"命名，就是力图抓住问题的核心，高屋建瓴地从思想角度去评述历史人物，以便对每个传主在他所处时代的具体情况下，如何在他所从事的领域中，克服困难，施展才华，取得成功，做出贡献，从思想深处洞察其底蕴。历史上各个时代富有思想因而能在有关方面取得成就的人，直接阐述自己思想观点的论著虽亦不少，但大量的则是其思想既来自实践（包括对前人、他人实践经验的吸取）、又渗透在自己创造性实践之中，集中凝聚在他自己的业绩和事功上，而没有留下论著。另一些人却只留下著作而无其他功绩，对这些人来说，他那些有价值的著作就理所当然地是他的伟大业绩和事功。如果论述一个人的思想而不联系他的业绩（包括著作），必将流于空洞的抽象；同样，如果只讲一个人的具体业绩而不结合他的思想活动，又必将成为现象的罗列。评价思想和评价业绩，两者不应偏废。而不断在实践中丰富和深化的思想活力则是经常起主导作用的因素，强调这个因素，引起人们的正视和反思，正是我们的主旨和目的。当然，思想和思想家，思想家和实践家，都是既有区别又有联系的不同概念，忽视这一点是不对的。《丛

① 韩愈《进学解》，中华书局《四部备要》东雅堂本《韩昌黎全集》卷十二第3页。

② 列宁《怎么办》，《列宁选集》第1卷，人民出版社1976年版，第241页。

书》的重点则是放在两者的联系和结合上。至于如何使两者很好联系和结合而又着意于剖析其思想活力，各占多少篇幅或以何种方式表达，则自当由作者根据传主的具体情况创造性地作出妥善安排。

自从人类历史上产生了马克思主义，不仅全人类解放和发展有了划时代的明确方向，学术研究也有了更严密的科学方法，即辩证唯物主义和历史唯物主义的世界观和方法论。根据这一科学方法，在研究和总结中国传统思想文化，特别是联系到《丛书》的撰著时，我认为下列几点应特别引起重视。

一、坚持实事求是的原则。实事求是是贯串在马克思实际活动和理论研究中的主线，离开了它也就离开了马克思主义。只有切实掌握了客观情况，才能得出正确的认识和判断。前者为"实事"，后者为"求是"，二者相结合，就叫实事求是。事不实则非夸即诬。为了弄清情况，就必须对情况的本质与现象、整体与局部、真与伪、精与粗，作出区别、梳理和取舍，这样才能掌握情况的实质，达到"实事"的要求；然后进一步加以分析研究，找出事物本身固有的真相而非主观臆测的假象，并验证其是否符合人民利益和人类历史前进方向，是否反映科学、技术、文化、艺术的发展规律，这样才能得出正确的认识和判断，达到"求是"的要求。实事求是是治学的基本功夫，是对每个传主的功、过、是、非作出公正评价的必要前提。不论古今中外，对历史人物过高或过低的不公正评价，大都由于未能认真坚持实事求是原则的缘故。

二、坚持批判继承的原则。马克思主义学说就是批判的学说，而批判是为了继承、发展和创新。这就需要我们在实事求是的基础上，既要继承发扬传主业绩和思想中的积极因素，又要批判清除其消极因素。凡传主业绩和思想中体现了诸如爱国主义、民主意识、科学见解、艺术创造和艰苦奋斗、克己奉公、追求真理的精神，即在符合历史前进要求的“立德”、“立功”、“立言”诸方面有显著成就等积极因素者，必须满腔热情地加以继承和弘扬，并紧密结合当前社会主义建设实际，使之深入人心，蔚然成风；凡反映有诸如封建迷信、专制独裁、愚昧落后、丧失民族尊严和违背科学进步等消极因素者，必须以历史唯物主义的观点加以批判，清除其一定程度上至今尚起作用的消极影响，而消极因素经过彻底批判后可转化为有益的教训；凡积极因素和消极因素相混者，更当加以认真清理和扬弃，既发扬其积极因素又摒弃其消极因素。我们力求一点一滴、切实认真地探索各个传主思想和业绩中珍贵的积极因素，使之成为全国各族人民正在从事的继往开来伟大历史工程的组成部分。

三、坚持“百花齐放”、“百家争鸣”的原则。“百花齐放”和“百家争鸣”，是发扬学术民主、促进学术繁荣的正确原则和巨大动力。前者强调一个“齐”字，后者强调一个“争”字，是表示学术上平等、民主和自由的两种不同状态；前者突出的是统一与和谐，后者突出的是区别与争论；两种状态又统一于不断地相互促进和相互补充、转化的持续发展提高过程之中。“百花齐放”、“百家争鸣”的原则体现在撰著评传时，应从“齐放”和“争鸣”出发，综合中外各个时期对有关传主的不同评价，吸取符合客观存在的对的东西，摒弃其违反客观存在的不实的东西，然后创造性地提出经过自己独立思考的、赶前人或超前人的一家之言。同时，对整个《丛书》而言，也有个共性、个性又统一又区别的问题。这就是一方面作者应把“实事求是”、

"批判继承"和"百花齐放"、"百家争鸣"这几点作为大家的共性(统一与共识);另一方面,对每部评传的立意、结构和行文(文体、文风和文采等),则主要是作者的创造性思维劳动和雅俗共赏的文字表达艺术的成果,是彼此的个性(区别),不宜也不应强求一律。评传作者都有充分自由去发扬这一个性,力求在对每一传主的评述中探索和展示其积极因素,使之和正在变革中国面貌的伟大社会主义建设实践融为一体,丰富其内容,促进其发展,而不是仅仅停留在对传主思想业绩的一般性诠释上。

我认为,以上三点大体上可以表达《丛书》所遵循的主要指导思想,但也不排除用其他思想和方法得出的有价值的研究成果。

感谢所有关心和支持《丛书》工作的单位和个人,特别感谢《丛书》的名誉顾问和学术顾问。他们的热情关心、支持和指教,使《丛书》工作得以顺利进行。更要感谢所有承担评传撰著任务的老中青学者,他们都以严谨的治学态度,作出了或正在作出对学术,对民族,对历史负责的研究成果。没有他们的积极合作,《丛书》工作的开展是不可能的。《丛书》副主编和中国思想家研究中心、南京大学出版社,在制定《丛书》规划,约请和联系国内外学者,审定书稿以及筹划编辑出版等方面,克服重重困难,做了大量工作,他们的辛勤劳动是《丛书》能按预定计划出版的必要前提。

现在《丛书》开始出版了,我作为年逾八旬的老人,看到自己迫于使命感而酝酿已久的设想终于在大家支持合作下实现,心情怡然感奋,好像回到了青年时代一样,体会到"不知老之将至"的愉悦,并以这种愉悦心情等待着《丛书》最后一部的问世；特别盼望看到它在继承中华民族传统思想文化的珍贵遗产方面，在激励人心、提高民族自尊心和爱国主义思想方面，在促进当前建设有中国特色的继往开来的社会主义现代化物质文明和精神文明的历史性伟大事业中，能起到应有的作用。我以一颗耄耋童心，默默地祝愿这一由一批老中青优秀学者经长年累月紧张思维劳动而作出的集体性学术成果能发出无私的熠熠之光，紧紧伴照着全民族、全人类排除前进道路上的各种障碍，走向和平、发展、繁荣、幸福的明天！

热诚欢迎国内外同仁和各界人士不吝赐教，以匡不逮。是为序。

1990 年 10 月 7 日

内 容 简 介

公元五世纪末叶，是中国历史上一个国家分裂、战争频仍的时代，同时也是一个南北交流、民族融合的时代。生活在这一时代中的郦道元是当时最著名的地理学家，而他的著作《水经注》则是当时最杰出的地理著作。郦道元不仅是个地理学家，而且是个渴望祖国统一的爱国主义者。通过对《水经注》的研究，我们可以获悉他的许多高尚思想和高贵品质。依靠他严谨、科学的治学方法和高度的写作技巧，《水经注》成为一部文字生动、内容丰富的不朽历史名著。历来学者对此书的不断研究，终于形成了一门包罗宏富的学问——“郦学”，这就是郦道元为后世留下的一宗宝贵的文化财富。

A BRIEF INTRODUCTION

Li Daoyuan was born in an official and intellectual family. The time of his birth, the late fifth century, has been termed as an"Epoch of General Geographical Interchange"—an epoch when the Northern nomadic peoples intruded and settled down in North China, bringing an impact upon the Han people, who were forced to begin a mass migrating to the South. This epoch—an epoch of the split of China's state, an epoch of frequent wars, but in the meantime an epoch of peoples merging—saw the emergence of a multitude of geographical works by geographers who came one after another, and among whom Li Daoyuan was the most celebrated whereas his work *Notes on Book of Waterways* the most outstanding among those works of the time. Li was not only a geographer but also a patriot who eagerly longed for the unification of his motherland. Continuous efforts made by scholars of later generations in the study of the book has finally formed a learning of comprehensive richness—a learning called Li—ology. That is a valuable cultural wealth bequeathed by Li to the posterity.

目　次

A CRITICAL BIOGRAPHY OF LI DAOYUAN

CONTENTS

第一章　郦道元生活的时代与地理大交流

一、大时代

一

中国历史从秦一统嬗递到两汉。秦开创了汉民族的广大版图，两汉继承并发展了秦的版图，汉民族的势力趋于鼎盛。两汉是一个漫长的时代，从公元前三世纪之末，延续到公元后三世纪。这中间尽管有许多曲折复杂的过程，但汉民族的广大版图和一统天下的盛势，在这四百多年中已经得到确立。

秦开拓了汉民族的南疆，汉不仅巩固了南疆，并且开拓了西疆和东疆。至于北疆，秦采用了严密防范的方法。万里长城是一条草原游牧民族不得逾越的界线，当然，汉族同样也很难越此雷池一步。两汉在西北建置了金城、武威、西海、张掖、酒泉、敦煌各郡，并置西域都护府，把汉族势力伸张到今新疆。在这方面，大大超越了秦的功业。但对于北疆的开拓，却并无多少建树。这很可能就是这条万里长城的限制。对于古代开拓北疆的事业来说,万里长城开始是地理上的限制,后来成为传统观念的限制。对于汉族的不少有志于北荒的领袖们,这条以夯土堆叠起来的人为界限,不仅束缚了他们的手脚,而且束缚了他们的抱负和思想。这实在是一件十分不幸的事。当然,对于匈奴,西汉毕竟比秦多有一点作为,曾经进行了几次征讨,并且采用过和亲一类的睦邻政策。但是和它对西疆的功绩相比,实在微不足道。

两汉以后是魏晋南北朝,从秦代以来的民族和版图的格局,至此发生了巨大的变化,这就是历史上所谓的"五胡乱华"。从秦一统以来到西汉王朝发展到了顶峰的这一个汉民族建立的广袤的大国,由于晋室南渡而一分为二。从此经历了二百六十余年,南方仍然是汉族人的领域,而北方(包括四川),许多少数民族先后登台,建立了所谓"五胡十六国"。这是一个干戈扰攘、生灵涂炭的时代,但同时也是一个各方交流、民族融合的时代。

早在先秦时代,从事农业的汉民族,其农事活动,土地利用,耕作方法,已经达到了"五亩之宅,树之以桑"①的程度。春秋战国之际,列国内部和列国之间,都修筑了广狭不等的道路以利交通。一般的交通利用马或驴拉的小车,即所谓輶轩。②在军事行动时,则使用几匹马拖拉的战车,战车中站着头戴铁

---

① 《孟子·梁惠王上》。

② 汉应劭《风俗通义序》(《百子全书》本):"周秦常以岁八月,遣輶轩之使,求异代方言。"

盔，身披铁甲，手执长矛的武士。“伯也执殳，为王前驱。”①就是这种在战车上为君王效命的武士。国家的军事实力，即以车乘的数量作为标准。“万乘之君”就算当时实力雄厚的大国。

以上说的是汉民族的情况。但当时北方草原上的许多游牧民族，其文化水平和发展程度完全不能和汉民族相比。他们在生产和生活方式上，与汉族也大不相同。他们不从事定居农业，没有固定的居地，而是逐水草而移动他们的帐幕。“围韝毳幕以御风雨，膻肉酪浆以充饥渴。”②他们并无占据汉族土地的愿望，因为屋宇和耕地对他们没有意义。但汉族的粮食、财物和人口，却是他们所需要的。特别是在遇着严寒、干旱和其他殃及草地、牲畜的自然灾害时，为了维护部落的生存，他们常常以侵入汉族境内，掠夺汉族的物资来拯救自己。他们在马背上奔驰，穿着紧身衣服，用弓箭作武器，轻装快骑，对汉族采用抢了就走，打了就跑的方法。汉族所有的行动迂缓的战车和负担沉重的武士，对他们这种来去像一阵风似的战术，实在毫无办法。早在西周之末，周幽王曾因犬戎的快速入侵而败亡。自从春秋以至战国，凡是与漠南草原毗邻的列国，都把对游牧民族的防御，作为生死攸关的头等大事，而主要的方法，就是用人工修筑一道赖以防守的城垣，即人们称为“长城”的工事。战国的燕、赵、韩、魏、秦等列国，都为自己修筑了这种长城，而秦始皇又花费了庞大的人力和物力，把这些战国的长城连接起来，并加以增修和巩固。《水经·河水注》所记：“始皇令太子

① 《诗·卫风·伯兮》。

② 《（李陵）与苏武书》，载清严可均辑《全上古三代秦汉六朝文·全汉文》卷二十八。

扶苏与蒙恬筑长城，起自临洮，至于碣石。”即后来人们所称的“万里长城”。《水经·河水注》又引杨泉《物理论》说：“秦始皇使蒙恬筑长城，死者相属，民歌曰：生男慎勿举，生女哺用铺，不见长城下，尸骸相支拄。”为了防御北方游牧民族的入侵，秦始皇所花的代价确是骇人听闻的。

秦始皇当然是个武功卓著的皇帝，他降服六国，进军东南沿海和岭南，直至今中南半岛，敉平所谓“百越”之地。但这是对于中国内部和南疆而言。对于中国的北疆，看来历史还应该对他作不同的评价。他修筑“尸骸相支拄”的长城，残暴达于极点，而智勇实属末流。他以长城阻遏北方的游牧民族，实际上暴露了他对汉族北疆的最低愿望。所以从他对汉族北疆的开拓和经营来说，他是一个眼光短浅，缺乏战略思想的弱者。他用千千万万生命的代价，为汉族修建了这样一条萎缩不前的北方疆界。假使没有后世的民族交流、融合和汉武帝、成吉思汗、努尔哈赤等中华民族中的杰出人物，则我国的北疆会成为怎样一种状况，人们或许不难想像。

对于秦始皇在北疆开拓、经营上的不智不勇和缺乏战略思想，当然不是与他的后人如汉武帝、成吉思汗、努尔哈赤等相比，而是和他的前人，也就是本书必须提及的一个伟大人物，战国的赵武灵王相比。赵武灵王是一位汉族的国君，赵国的疆界与游牧民族毗连，对于这些轻装、强悍、快速和出没无常的草原骑马民族，他有过长期的周旋经验和细致深刻的观察研究。这位眼光远大，见识卓著的汉族杰出领袖，于其在位的十九年(前307)便断然决定：“胡服骑射以教百姓。”①

---

① 《史记·赵世家》，赵武灵王十九年：“今吾将胡服骑射以教百姓。”

这的确是一个令人大吃一惊的措施。据靳生禾先生《赵武灵王评传》[①]所述，当时曾受到朝野人士的竭力反对。守旧派以公子成、赵文、赵造、周绍、赵俊、赵燕、牛赞等为首，或公开反对，或称疾不朝。他们以举国上下反对胡服骑射之民意相要挟。他们提出："服奇者志淫，俗辟者乱民，是以莅国者不袭奇辟之服，中国不近蛮夷之行，非所以教民而成礼者也。"但赵武灵王一一予以驳斥，他说："古今不同俗，何古之法？帝王不相袭，何礼之循？"又说："圣人利身之谓服，便事之谓教，进退之谓节，衣服之制，所以齐常民，非所以论贤者也。"由于赵武灵王的真知灼见和深谋远虑，终于说服了许多反对者，使他的这种惊人改革，获得朝野一致的赞同。

当然，他同时也重视长城的修建。《水经·河水注》说："赵武灵王既袭胡服，自代并阴山下，至高阙为塞。山下有长城。"赵武灵王的长城和秦始皇的长城很不相同，不仅在地理位置上比秦长城要偏北得多，特别是他修筑长城在战略思想上具有远大的见识。《水经注》所谓"赵武灵王既袭胡服"，这就是说，他修建长城是在"既袭胡服"的前提之下进行的。赵武灵王胡服骑射以后，不久即击溃盘踞漠南、长期为患的游牧民族林胡、楼烦、东胡，即所谓"三胡"。在大片游牧地区设置云中、雁门、代三郡。从内地移民实边，从事垦殖。[②]《水经·河水注》引《竹书纪年》："魏襄王十七年，邯郸命吏大夫奴迁于九原，又命将军大夫适子、戍吏皆貉服矣。"说明一大批由大夫和将军率领去到九原（今包头市以西的内蒙古河套地区）实边屯垦的

① 山西人民出版社，1990年版。

② 均见《史记·匈奴传》。

人,官民一体,也都是穿着胡服(貉服)的。赵武灵王在这样的开拓过程中修建长城,尽管这条长城也具有阻遏外敌的功能,但是它绝不束缚自己前进的脚步。赵武灵王长城与秦始皇长城在战略思想上的根本区别,在于它不是汉族疆界的终点,而是向北开拓的基线。

赵武灵王的确不愧为战国一代中的一位有雄才大略的国君。可惜他的事业后继无人,包括秦始皇在内,在对付草原骑马民族和开拓北部疆域的事业上,都是那样地目光短浅,优柔寡断,以致贻误了许多开拓疆域的机会。否则,元代的岭北行省和辽阳行省的局面[①],可能在汉代就已经出现。我们历史上的北疆,在成吉思汗以前多少个世纪,就早已面临了北冰洋。

现在需要论述对于本书至关重要的一个戏剧性的历史掌故。前面指出,在公元前 307 年,一位汉族的著名国君赵武灵王,他甘愿冒天下之不韪,放弃祖宗历代的传统服式,自己带头,并且要他的子民一起穿上人们所不齿的奇形怪状的夷狄服装。但事隔八个世纪,来自塞北草原的骑马民族的一支,鲜卑族的著名国君拓跋宏(北魏孝文帝),于北魏太和十八年(494)正式下诏:"禁士民胡服。"[②]前面已经提及,赵武灵王是后继无人,"胡服骑射"这种革命措施,在汉族中得不到同情和推广。以秦始皇为代表的汉族统治者,确信只要有一条坚固的长城,加上

---

① 岭北行省见《元史·地理志一》,辽阳行省见《元史·地理志二》,二行省具体辖境见《中国历史地图集》第七册。

② 《魏书·高祖纪》、又《北史·北魏孝文帝纪》:"壬寅、革衣服之制。"《通鉴》卷一三九《齐纪》五明帝建武元年:"魏主欲变易旧风,诏禁士民胡服。"

几个烽火墩，头戴铁盔、身披铁甲、手执长矛的汉族武士，是可以站在战车上杀退那些草原夷狄的。现在，历史完全证明，这一条“尸骸相支拄”的长城，根本挡不住草原人。而草原人中的一支鲜卑族，不仅越过长城到了中原，而且在汉族的古都洛阳颁布命令，要拓跋氏的子民一起脱掉祖宗传下来的胡服，穿上被征服地的，在他们看来也是奇形怪状的汉服。一位汉族领袖要汉人穿上胡服，而另一位胡人领袖又要胡人穿上汉服，这真是一出历史喜剧，或许也可以说是历史对人们的揶揄。

由于赵武灵王是历史上的一位著名人物，也由于他命令汉人穿上胡服有确实年代可记；同样，由于拓跋宏也是一位历史名人，而他命令胡人脱去胡服的年代也确切可记。因此，我把中国历史上这件戏剧性的掌故用这两个年代确定下来。在这一段戏剧性的时代中，中国境内的许多民族发生了接触、交流和融合的过程。这个过程是错综复杂的，这中间有战争，有和亲，有商品贸易，有文化交流，有一族对另一族的统治，有另一族对一族的反抗，等等。然后终于出现民族的融合，伟大的中华民族终于形成。

这是魏晋南北朝这个历史时代的大背景，任何研究这个时代的政治、经济、军事、文化，以及这个时代中一切人物的思想、业绩等等，都必须充分了解这种时代背景。

二、北　魏

“五胡乱华”是指的匈奴、羯、氐、羌、鲜卑五个游牧民族。这五个民族中的匈奴和鲜卑，原来都在北方塞外，他们都是跨越了秦始皇的这条万里长城进入华北的。这些游牧民族在华北等地建立了所谓“十六国”，于是晋室被迫南迁，在中国境域中，出现了东晋和十六国南北对峙的局面，这种局面延续了一百多年。

公元420年，刘裕篡夺了东晋称帝，这就是刘宋，是南朝的第一个朝代。与此同时，北方的十六国，绝大多数也先后为其中力量最大的拓跋魏所兼并，这就是所谓北朝，北魏就是北朝的第一个朝代。这样就出现了中国历史上的南北朝时代。

北魏是鲜卑人建立的朝代。鲜卑一名，大概就是西伯利亚(Siberia)的古译，所以它的起源，很可能就在今西伯利亚地区。北魏孝文帝拓跋宏曾经说“朕之远祖，世居北荒”[1]，可以为证。这是一个较大的游牧部族，在两晋南北朝时，鲜卑族有慕容、乞伏、秃发、宇文、拓跋等部落，先后在今华北和西北等地建立政权，如慕容氏先后建立的前燕、西燕、后燕，乞伏氏建立的西秦，秃发氏建立的南凉以及宇文氏建立的北周等等。其中以拓跋氏建立的北魏，版图最大，国势最盛，时间也最久。

建立北魏的拓跋鲜卑，开始流徙于蒙古高原南北及兴安岭南北一带。到了部族酋长拓跋郁律(太祖平文帝)时移居到东木根山(今内蒙古自治区集宁市东北)。以后，另一部族酋长拓跋什翼犍(昭成帝)营建了他们的首都盛乐(今内蒙古自治区和林格尔以北)。《魏书·帝纪》在太祖道武帝(拓跋珪)以前，载列了二十七代没有传记的帝王名氏，第一代是成帝，名拓跋毛。据《魏书·帝纪》所说：“统国三十六，大姓九十九。”也不过是氏族而已。从拓跋毛以后的第十五代是拓跋力微，魏人尊他为神元帝，从此以后，才有信史。不过直到第二十七代拓

① 《通鉴》卷一三九《齐纪》五明帝建武元年。

跋什翼犍，情况仍不甚明了。游牧部族逐水草而居，尽管是部族酋长的驻地，但流动性仍然很大，所以像东木根山和盛乐等地名，其地理位置其实并不十分确实，不过是约略言之而已。

这个部族要到公元四世纪后期，情况才比较明确，当时是北魏道武帝拓跋珪在位的时代。这是一位有见识和才略的部族领袖，他把首都从盛乐南迁到平城（今山西省大同市郊东北），部族开始从游牧过渡到农耕。平城是一个在汉初就存在的古老城邑，汉高祖曾经在这里被冒顿单于围困了七天。拓跋珪迁都到此以后，当然经过一番修整和扩建。《水经·㶟水注》相当详细地记载了当年平城的城市建设及其规模，这里拥有宫殿、寺庙和许多其他建筑物。由此可见，北魏的生产方式到这时已经以农耕为主，游牧部族是不可能有如此固定和规模较大的首都的。当然，由于拓跋珪在平城称帝达二十三年，拓跋鲜卑从游牧到农耕的过渡以及平城的城市建设，可能是在这二十三年中逐步完成的。

早在拓跋珪迁都以前，鲜卑族移入平城及其附近各地定居的人数看来不少。他们或许早已放弃游牧，从事农耕，这其实也是北魏南迁的群众基础。《水经注》在《河水》、《汾水》、《㶟水》等各篇记下了今山西省境内的许多非汉语地名，如太卤（即太原）、大浴真山、贷敢水、可不埿城、契吴亭、诰升袁河等等，不胜枚举。郦道元记载地名，素有解释地名的习惯，对于这个地区的这类无法解释的地名，他一般加上“北俗谓之”四字，有时甚至加上“狄语音讹”一语。郦道元称为“北俗”，指的是他所居住的华北以北的地方，实际上就是塞外草原。当然，今山西省一带是古代许多少数民族角逐之地，郦道元的所谓“北俗”，也并不一定就是鲜卑。由于鲜卑语和其他曾经在这一带居住过的游牧民族如匈奴等的语言都早已消亡，无可核实，我们无法区别这些地名是鲜卑语地名抑是其他民族语言地名。但拓跋鲜卑族人流入这一带为时甚早，这大概是可以肯定的。

拓跋珪以后即位的是拓跋嗣，即北魏明元帝，在位共十五年，这期间，大江以南，刘宋取代了东晋，南北朝的形势从此形成。拓跋嗣以后，一位有雄才大略的人物拓跋焘，即北魏太武帝继承了王位，北魏进一步走向繁荣昌盛。他在位长达二十八年，文治武功，都很可观。北魏虽然僻居雁北，但是已经俨然成为一个规模完备的大朝廷。在武功方面，他东征西讨，不断扩张领土，当年与东晋并存的所谓“十六国”之中，除了巴蜀的李成为刘宋所并以外，其余大都纳入了他的版图。他南与刘宋作战，攻占了著名的古都洛阳和形势险要的虎牢。他于北魏太平真君十一年（刘宋元嘉二十七年，450），亲率大军，长驱南下，直达长江北岸的瓜步，并于次年（451）在瓜步山上大集群臣，班爵行赏。这其实就是向南朝显示他的武力，使刘宋首都建康（今南京）大为震惊，而他在大集群臣以后，或许是自己认为攻占和统治全国的准备尚未充分，在向南朝示威的目的达到以后，即下令班师，全军北返。对于南朝来说，他的这一次军事行动，的确达到了他威慑的目的。刘宋名将沈庆之不胜惶恐地说：“佛狸（按：指拓跋焘）威震天下，控弦百万。”① 南朝素以正统的大朝廷自居，如今说出这样的话来，实在是说明了当时的形势。

另外，在拓跋鲜卑内迁并过渡为农耕民族的同时，另一支草原游牧民族柔然族，又名蠕蠕，原来附属于拓跋部，四世纪

---

① 《通鉴》卷一二五《宋纪》七文帝元嘉二十七年。

中叶，在今鄂尔浑河和土拉河流域从事游牧活动，北魏南迁后，它进居到阴山一带。从此在漠南成为北魏的腹背之患，情况如同拓跋鲜卑没有内迁以前对汉族的关系一样。为了安定北疆，拓跋焘在漠南，东起濡源，西到五原阴山，共三千里，设置了武川、抚冥、怀朔、怀荒、柔玄、御夷等六个军镇，即所谓北魏六镇，驻军防守，遏制了柔然的骚扰和入侵。于是北起漠南，南到淮河，都在北魏的统治之下。北魏的声威，至此已经甚盛，当时的西域诸国如龟兹、疏勒、乌孙、鄯善、焉耆、车师、粟特等，都遣使进贡。此外如东方的高句丽和西方的波斯等国，也都遣使修好。武功之盛，声威之远，于此可见一斑。

拓跋焘虽然是一个出自游牧民族的国君，但他也重视文治，注意政治廉明，悉心治理他的国家。他任用了一批贤能廉洁的官吏，如侍中古弼、张黎，中书侍郎高允，司空崔浩，司徒长孙道生等，其中许多是汉族知识分子。从《魏书·古弼传》所记的一件事实中可以证明，拓跋焘是如何以身作则，从善如流的：

> 世祖大阅将校，猎于河西，弼留守。诏以肥马给骑人。弼给弱者。世祖大怒曰：尖头奴敢裁量朕也，朕还台先斩此奴。弼头尖，世祖常名之曰笔头，是以时人呼为笔公。弼属官惶怖惧诛，弼告之曰：吾以为事君使畋猎不适盘游，其罪小也；不备不虞，使戎寇恣逸，其罪大也。今北狄孔炽，南虏未灭，狡焉之志，窥伺边境，是吾忧也。故选肥马备军实，为不虞之远虑，苟使国家有利，吾何避死乎？明主可以理于此，自吾罪，非卿等之咎。世祖闻而叹曰：有臣如此，国之宝

也。……后车驾畋于山北，大获麋鹿数千头，诏尚书发车牛五百乘以运之。世祖寻谓从者曰：笔公必不与我，汝辈不如马运之速，遂还。行百余里而弼表至曰：今秋谷悬黄，麻菽布野，猪鹿窃食，鸟雁侵费，风波所耗，朝夕三倍，乞赐矜缓，使得收载。世祖谓左右曰：笔公果如朕所卜，可谓社稷之臣。

《古弼传》所记的这一掌故，除了说明拓跋焘的英明以外，同时也说明了，到了拓跋焘在位的时候，北魏已经“秋谷悬黄，麻菽布野”，成为一个农耕民族了。这当然是鲜卑人长期以来和汉人共处的结果。这是一种少数民族汉化的过程，也是民族融合的过程。关于这方面，在以下对孝文帝拓跋宏的评述中还要提到。

拓跋焘为北魏的发展奠定了坚实的基础，他去世后，经过了文成帝拓跋濬和献文帝拓跋弘二帝的短促时期，到了北魏延兴元年(刘宋泰始七年，471)，孝文帝拓跋宏即位，这是北魏历史上另一位有雄才大略的著名国君。他登位时还只有5岁，先由太后临朝称制，太和十四年(490)，太后去世，拓跋宏就于次年亲政，当时他年仅25岁，正是青年英俊，意气风发的时候。他亲政以后，立刻励精图治，大力进行了许多革新，使北魏在拓跋焘建立的基础上，获得进一步的发展。他的政策，首先是提高民族文化，努力改革作为一个游牧民族长期以来存在的游牧习气，广泛推行汉族的礼仪和习俗，加速了拓跋鲜卑的汉化过程。他毅然废除从游牧民族遗留下来的发辫制，改行汉族当时通行的束发为髻的发式。被服冠冕，也一遵汉族体制。他又竭力推行汉族尊重的所谓三代成法，开始祭祀尧、舜、禹、周公等汉族人民崇敬的人物，谥孔子为“文圣尼父”，并命令中书省设孔子像，他亲自带头前往祭拜。有一次南征途中经过鲁城（今曲阜），特地进城祭拜孔子，重修那里的孔子陵墓，更建碑铭，拜孔氏四人、颜氏二人为官，并选孔子宗子一人，封为崇圣侯，令其奉孔祭祀。这次南征还都以后，就在首都设立国子太学和四门小学，又遴选了几位耆老长者，将他们封为国老庶老。同时在国内普求古代遗书，按汉族体制制礼作乐，并按当时汉族通行的标准，修正度量衡制度。① 自从拓跋焘任用许多汉族知识分子以来，早已卓著成效的北魏汉化，至此业已完成。

在拓跋焘的时代，虽然版图已经拓宽，军力已经强大，但他在南下到达瓜州以后，仍然引军北返。我们当然很难剖析拓跋焘当时为什么作出这个决定，但是一个非常明显的事实是，尽管北朝军力强大，但是在经济实力，文化水平等许多方面，无疑仍然落后于南朝，而这种差距并不是短期中可以赶上去的。因此，拓跋焘的南征，或许具有以攻为守的意义，让他在这一次威慑行动以后，可以免受南朝的进攻，使他能致力于北魏的内部建设。所以，拓跋焘虽然展示力量于南朝，但当时并非有志于南朝。对拓跋焘的进军和退军作这样的估计或许有些道理。他是在太平真君十年（刘宋元嘉二十七年，450）冬季才发动这次进攻的。就在这一年秋季，宋文帝还派沈庆之、王玄谟等将领进军黄河边上的碻磝（今山东省茌平县以东黄河南岸），并且围攻滑台（今河南省滑县东），虽然围攻了二百多天未能攻下，但碻磝这个渡口，一直要到太平真君十二年初

① 均见《魏书·高祖纪》及《通鉴》卷一四〇《齐纪》六明帝建武二年。

才为北魏军收复，这说明刘宋也还有一些军事力量。

现在，拓跋宏的情况就大不相同，他是一个有抱负、有远见的人物。北魏由于多年来的惨澹经营和汉化的完成，国家的经济实力和文化水平均已大大提高。当拓跋焘南迁之初，北魏还是“十六国”中最小的国家，但经过这百年来的发展变迁，北魏已经成为一个无可争议的北朝大国。中国南北分裂，到此已经一百七十余年，他心存大志，把一统全国作为己任。他曾经豪迈地说过：“吾方经营天下，期于混一。”[①]这就明白地表示了他的抱负。

和拓跋焘从盛乐南迁到平城一样，拓跋宏亲政之初，就下决心再一次南迁，把首都从平城迁到洛阳去。他深深知道，“经营天下”的事，是不可能在平城这样一个地处雁北的偏僻城邑中运筹策划的。而洛阳是东周以来的中原名都，尽管“洛阳处天下之中”[②]的话出自北宋，但人们早已看到了这种事实，这是一个帝王之都。现在，洛阳早已收入了北魏的皇舆，对于“期于混一”的君王，这是一个定都的良机，是决不能失之等闲的。但是他的这种计划遇到了很大的阻力，不要说安土重迁是人们的一般心理，特别是由于平城建都已经上百年，王公贵族和整个北魏的既得利益集团，在这里购置产业，建造宅第，布置势力。平城已经成了他们的安乐窝，当然不愿意长途跋涉，远迁到人地生疏的洛阳去。所以，当拓跋宏一旦宣布了迁都的决定以后，立刻遭到了满朝官员的反对。尚书于果的话其实是代表了整个既得利益集团的，他说：“臣非为代地（按指平城）

---

① 《通鉴》卷一三八《齐纪》四，武帝永明十一年。

② 李格非《洛阳名园记》（《学津讨原》第七集）。

为胜伊洛（按指洛阳）之美也，但自先帝以来，久居此地，百姓安之，一旦南迁，众情不乐。”①平阳公拓跋丕想必读过《尚书·洛诰》之类的汉族经书，他指出：“迁都大事，当询之卜筮。”②此外还有许多反对的意见。对这位年轻的国君，实在是一次严峻的挑战和考验。

但是拓跋宏是个胸有成竹的人，他绝对不会因既得利益集团的种种干扰而动摇他的迁都决心，对于于果之流的阻挠，他说：“吾方经营天下，期于混一，卿等儒生，不知大计。”③对于“卜筮”一类的言论，他的答复更铿锵有理：“昔周召圣贤，乃能卜宅，今无其人，卜之何益？且卜以决疑，不疑何卜？”他又说：“王者以四海为家，或南或北，何常之有？朕之远祖，世居北荒，平文皇帝始都东木根山，昭成皇帝更营盛乐，道武皇帝迁于平城，朕幸属残胜之运，而独不得迁乎？”④

拓跋宏终于在太和十八年（494）把首都从平城迁到洛阳，就在这一年，他正式下诏：“禁士民胡服。”如同七个世纪以前赵武灵王的“胡服骑射”一样，这也是一个令人大吃一惊的变革，而且历史对人们真是一种嘲弄，和战国时代一样，朝野士民又一次群情哗然。并州刺史新兴公拓跋丕就是守旧派中的著名一员，据《通鉴》卷一四一所记：“及朝臣皆变衣冠，朱衣满坐，而丕独胡服其间”。民间也是一样，《通鉴》卷一四〇记及了拓跋宏在洛阳责问留守之官：“朕望见妇女犹服夹领小袖，卿等何为不遵前诏？皆谢罪。”甚至直到太和二十三年（499），

①② 《通鉴》卷一三九《齐纪》五，明帝建武元年。
③ 《通鉴》卷一三八《齐纪》四，武帝永明十一年。
④ 《通鉴》卷一三九《齐纪》五，明帝建武元年。

元宏从平城回到洛阳，他问任城王元澄："'朕离京以来，旧俗少变不?'对曰：'圣化日新。'帝曰：'朕入城，见车上妇人犹戴帽，著小袄，何谓日新?'对曰：'著者少，不著者多。'帝曰：'任成，此何言也，必欲使满城尽著邪!'澄与留守官皆免冠谢。"①在中国历史上，穿上"胡服"和脱掉"胡服"都曾经是一种困难的历程。

太和二十年(496)，拓跋宏宣布改变祖宗传下来的民族姓氏，把鲜卑语的"拓跋"改为汉语的"元"。② 从此，拓跋魏就被后世的史家称为元魏。其实这也是他早已有了打算的事，在这以前，他曾于太和十九年六月下诏："不得为北俗之语于朝廷，违者免所居官。"③至于为什么把"拓跋"改为"元"，他的诏令上说得很明白："北人谓土为拓，后为跋。魏之先出于黄帝，以土德王，故为拓跋氏。夫土者，黄中之色，万物之元也；宜改姓元氏。"从此，他自己带头称为元宏，王族中不论辈份大小，封爵高低，他们的名氏均去"拓跋"加"元"。北魏还有另外一些胡姓，也一律议改，据《通鉴》一四〇所记：拔拔氏改长孙氏，达奚氏改奚氏，乙旃氏改叔孙氏，丘穆陵氏改穆氏，步六孤氏改陆氏，贺赖氏改贺氏，独孤氏改刘氏，贺楼氏改楼氏，勿忸于氏改于氏，尉迟氏改尉氏，不胜枚举。

这是元宏变夷为夏政策中的最后一项措施，北魏至此已经达到了全盘的汉化。其实，北魏的汉化因为见诸历史的确凿记载，所以过程清楚。而其他在这一段时期进入华北的游牧民

① 《通鉴》卷一四二《齐纪》，东昏侯永元元年。
② 《魏书·高祖纪》。
③ 《通鉴》卷一四〇《齐纪》六明帝建武二年。

族，也都同样地或早或晚地发展着这种过程，这种过程，就是民族融合的过程。

元宏在迁都以后，和其他许多改革工作齐头并进的，还有十分重要的"期于混一"的南征大业。他调集大军，由他自己统率，向寿阳（今安徽省寿县）一带进军。据《魏书·高祖纪》所记，太和十九年春正月，"车驾济淮，二月甲辰，幸八公山。"《通鉴》说这支大军，"众号三十万，铁骑弥望"[①]。在军事上，元宏取得了不少胜利，但不幸的是在朝廷内部却变生肘腋，使他猝不及防，穷于应付。首先是朝廷中穆泰为首的保守势力的反叛。穆泰原是北魏名臣穆崇之后，以功臣之孙而为拓跋氏驸马，历任要职，却顽固不愿迁都。据《魏书·穆泰传》，他勾结定州刺史陆叡，安乐侯元隆，鲁郡侯元业，骁骑将军元超，彭城镇将元拔等多人，阴谋叛乱。元宏不得不遣任城王元澄，出兵敉平了这场叛乱。另外是后妃淫乱的宫闱丑闻[②]，使他心力交瘁。由于这些变故的接踵发生，元宏受到了很大的打击，这位壮志凌云的明君，竟不幸在他三十三岁之年，病死于谷塘源的行军途中。

元宏之死，成为北魏历史上的一个重要转折点，蒸蒸日上的北魏，从此走向下坡。而八年以后，宣武帝元恪正始四年（梁天监六年，507），北魏与梁在淮水的一战，成为北魏在军事上一蹶不振的开始。这次战役中，由于淮水暴涨，梁军乘舰登岸击魏，魏军丢弃器甲，相争投水而死，淮水为之不流，缘淮百余里尸骸枕藉，梁军生擒魏军五万余人，收其军粮器械，积如

① 《通鉴》卷一四〇《齐纪》六明帝建武二年。

② 《魏书·孝王幽皇后传》。

山岳，牛马驴骡不可胜计。[①] 这次惨败以后，北疆的所谓六镇，也先后发生叛乱。使北魏处于腹背受敌的困境。在内政上，昏庸淫泆的胡太后于孝明帝元诩熙平元年(516)临朝，朝政腐败，日甚一日，终至不可收拾。强盛一时的北魏，终于在孝武帝元修永熙三年(534)分裂成西魏和东魏两个小朝廷，最后也都相继灭亡。

三、地理大交流

郦道元是一位官宦家庭出身的北魏王朝的官员。《魏书》将他列入《酷吏传》，这当然是《魏书》撰者魏收对他的一种诽谤，后世已有评论，留待以下再说。但他显然不属"儒林"、"文苑"之流，不算一个学者。他在南北朝这个干戈扰攘的时代里为官终身，毕生戎马，所以决不是一个闭门读书，研究学问，专心著述的人。但他却居然写出了《水经注》这样一部不朽的地理名著。在中国历史上，《水经》和《水经注》就各有两种。[②] 在此以后，记载河流的书籍还有不少，唐李吉甫的《删水经》，金蔡珪的《补正水经》，明末黄宗羲的《今水经》，清齐召南的《水道提纲》等等，不胜枚举。这类著作，或存或佚，都不能与郦道元的《水经注》相颉颃。《水经注》当然不是一部能够一气呵成的著作，是郦道元日积月累的著述成果。在当时那种兵荒马乱

① 《梁书·曹景宗传》。

② 据《隋书·经籍志》、《旧唐书·经籍志》、《新唐书·艺文志》、《通志·艺文略》四书著录，《水经》与《水经注》各有两种：一种是《水经》三卷，汉桑钦撰，晋郭璞注；另一种是三国佚名撰，北魏郦道元注，四十卷。前者经注均亡佚。

的日子里，他竟有这样的心情坚持撰写此书，不仅终于写成，而且获得如此辉煌的成绩，这当然是由许多原因促成的，而首先必须提出的则是“地理大交流”这个历史过程。

前面已经叙述了魏晋南北朝这个时代的历史背景。中国从四世纪初期起，开始了一场规模很大的混乱，牵涉到广大集团的人群在自然地理环境和人文地理环境上的深刻变异。假使我们把十五世纪初期以后的时期中，人们对于新航路和新大陆的探索称为“地理大发现”，那末，从四世纪初期到六世纪后期之间，这种发生在中国境内的巨大人群所经历的地理变异，应该被称为“地理大交流”。

前面已经提到，由于赵武灵王的战略思想后继无人，而秦始皇花了惊人代价所建造起来的所谓万里长城，毕竟阻挡不了始于四世纪初期的这场巨变，大群生活在北方草原的游牧民族，一个部落接着一个部落，轻易地跨过了这道“尸骸相支拄”的夯土建筑物，相继进入华北和中原。他们放弃了“天苍苍，野茫茫”的自然地理环境和“风吹草低见牛羊”的游牧生活，而定居到这片对他们来说是完全陌生的土地上从事农业活动。同样，原来居住在这个地区的汉族，也就被迫大批南迁，放弃了他们世代定居的这片干燥坦荡的小麦杂粮区，迁移到低洼潮湿的江南稻作区。因此，不论在中国的北方或南方，数量巨大的人群，都面临着新的自然地理环境和人文地理环境。在这场地理大交流中，直接参加交流的人们，新、旧地理环境构成了他们现实生活和思想上的强烈对比，空前地扩大了他们的眼界和丰富了他们的地理知识。对于那些没有直接参加交流的人们，他们有的是留恋故土，宁愿冒恶劣的处境而安土重迁；有的则是直接参加交流者的后代，这些人，尽管没有地理大交流的实践经验，但他们同样从他们的亲属和父老那里，获得他们的故土和新领地的地理知识。

地理大交流的结果是大批地理学家和地理著作的出现。和中国早期的地理学家及地理著作不同，早期的地理著作如《山海经》、《禹贡》、《穆天子传》等，作者虽然都有一定的资料基础，但其间包括了大量的假设和想像。这类早期的地理学家，在实践经验方面，显然是相当薄弱的。现在，规模巨大的地理大交流，为许多地理学家提供了直接或间接的实践机会。因此，这一时期的地理学家和地理著作，不仅在地理资料上左右逢源，而他们之中，多数都直接或间接地参加了这次地理大交流，他们的作品中反映了大量的实践结果。这是前代地理学家和地理著作所无法比拟的。

早在西晋末年，荀绰就撰写了《九州记》，比他稍晚的乐资，则撰写了《九州志》。接着，王隐在东晋初年又撰写了《晋地道记》。这些在当时都属于全国地理著作。从此以后，北方和南方的地理学家和地理著作风起云涌，美不胜收。在北方，阚骃 的《十三州志》，佚名的《大魏诸州记》，陆恭之的《后魏舆地图风土记》等等，不胜枚举；在南方，刘宋何承天和徐爰，不约而同地都撰写了《州郡志》，此外齐刘澄之的《永初山水记》，梁吴均的《十三州记》，陈顾野王的《舆地志》等，也都是全国地理著作。除了全国地理著作以外，还有为数更多的区域地理著作，它们就是通常所称的“六朝地志”，其中绝大部分都是东晋及其以后的著作。正是这一大批地理学家和地理著作，标志着这个地理大交流时代的时代特色。

在这个时代中，人们地理学思想的活跃，还不仅表现在地理著作的大量出现。在其他许多非地理作品中，同样可以看到人们对自然环境和地理景观的真挚感情和由于这种感情所激发出来的丰富多彩的描述。

著名的《敕勒歌》就是从北魏先前的语言鲜卑语翻译过来的民歌，歌辞说：

敕勒川，阴山下，天似穹庐，笼盖四野。天苍苍，野茫茫，风吹草低见牛羊。①

《与陈伯之书》是南梁军队中的一位幕僚丘迟所写的一封敦促身在北朝的将军归降的书信，其中有一段生动的地理描述：

暮春三月，江南草长，杂花生树，群莺乱飞。②

以上所引都是这个时代的作品，但都不是地理作品。前者所描述的是北方草原的自然景色，后者所描述的是江南水乡的暮春风光。何等的真切，何等的生动，不是身处其境的人，是绝对写不出这样惟妙惟肖的文字来的。这就是这个时期中人们地理学思想特别活跃的特征。从政治上说，这个时代是中国的混乱的时代；但是从地理学思想史来说，这个时代是中国的光荣时代。

在整个地理大交流时代中，在所有这些知识丰富的地理学家中，最最杰出的，无疑是北魏的郦道元，而他所撰写的不

① 《乐府诗集》卷八十六，《杂歌谣辞》。

② 《文选》卷四十三。

朽名著《水经注》,正是这个时代的一切地理著作中登峰造极的作品。

关于上述郦道元及其名著《水经注》在地理学史上的地位,是我在 1988 年 9 月出版的《地理学报》(45 卷 3 期)中的《郦道元生平考》一文中提出的。此文始撰于 1986 年,但是后来发现这种观点具有国际性,并不是我一个人的看法。日本广岛大学名誉教授,年逾八旬的日本著名地理学家米仓二郎先生,于 1988 年 7 月 28 日给我的一封信中,也有论述郦道元的一段(原信是用英文写的):

> 我认为郦道元是中世纪时代世界上最伟大的地理学家。这是欧洲历史上的所谓黑暗时代,当时的欧洲,就连一个杰出的地理学家也没有,从全球的观点看来,地理学史不能不提到郦道元。我希望你一定要用英文写一篇有关郦道元的论文,在某种地理刊物发表。①

米仓先生把郦道元在地理学史上的地位提到这样的高度,说明国际地理学界对郦道元及其名著《水经注》的重视。1989 年冬季,我又一次去日本讲学,在广岛大学任客座教授。米仓先生热情地邀请我们夫妇到他家中作客。我把我发表在英国出版的《地理学家研究》第十二卷上的《郦道元》②一文的

---

① 此信已见拙撰《地理学思想史序》。《地理学思想史》,刘盛佳著,华中师范大学出版社,1991 年版。

② 参见本书第二章第二节。

抽印本送给他，他在席间再一次强调了郦道元在地理学史上的崇高地位。他说"郦道元和他的杰出名著《水经注》，不仅是你们中国人的光荣，也是国际地理学史上的光荣"。

前面已经提及，郦道元毕生服官于北魏王朝，在当时，他并不是一个专门著述的学者，但是现在，历史对他的评价，根本不考虑他上任去东荆州作刺史时是什么排场，也绝不计较他任黄门侍郎是几品官位。历史对他的评价主要着重于《水经注》，他因《水经注》这一名著，成为中世纪世界上最著名的地理学家。

郦道元为什么能在地理学上达到如此的造诣？这首先当然是因为他所处的时代，正是地理大交流的时代。是这个时代，触动了他的地理学思想和实践。他在《水经注序》中说："访渎搜渠，缉而缀之"。全书记载了许多他在野外考察中亲眼目击的成果，说明他和这个时代的许多地理学家一样，有着大量的直接实践的经验。但是，《水经注》的记载遍及全国，而且远涉域外，当时国家南北分裂，郦道元足迹未达南方，凡是他所未经之地，他所依靠的是他人撰述的文献，也就是间接的实践资料。他在《水经注》注明所引的他人著述，为数超过四百三十种，实际上当然远远超过此数。他所引用的他人著述，大部分也都是地理大交流时代的成果。清陈运溶在《荆州记序》中说："郦注精博，集六朝地志之大成"①。假设没有在这一时期涌现出来的大量"六朝地志"，《水经注》也就无法得到如此卓越的成就。所有这一切说明，地理大交流这个伟大时代，对于郦道元其人其书，具有何等重要的意义。

① 收于《麓山精舍丛书》。

第二章　郦道元及其家世

一、郦氏家世

前面论述的魏晋南北朝和北魏的历史概况，这中间，特别是这一时代的民族交流，民族融合的过程，以及北魏一朝由盛转衰的过程，都是这个时代的重要时代背景。评介这个时代中任何一个人物及其思想和行历，都离不开这种时代背景的影响。现在，我们开始转入本书的主题。首先由郦道元的家族说起，从郦氏家族中，同样可以看到这个时代所给他们的强烈影响。

郦氏家族世居华北，在两晋间北方草原游牧民族大批南移的时候，这个汉人家族安土重迁，留居华北，并且服官于这些游牧民族所建立的政权。郦道元的曾祖父郦绍，原在鲜卑族的另一支派慕容氏所建立的后燕任濮阳太守，当北魏道武帝拓跋珪南征时，慕容氏败亡，他以郡迎降，北魏以他为兖州监军。前面已经提及北魏重用汉族知识分子的情况，郦氏家族或许正是受北魏重用的。郦道元的祖父郦嵩，官至天水太守。①

郦道元的父亲郦范，或许是郦氏家族平步青云的起点。他服官于明元帝拓跋嗣泰常年代(416—423)，任给事东宫。这是一个侍候太子和教育太子的重要职位。把这样一个职位交给一位汉族知识分子，说明"变夷为夏"早就是北魏王室的既定政策。而这个职位在汉族知识分子中落到郦氏家族身上，说明这个家族受到了北魏王室的高度信任。事情确实发展得很顺利，拓跋焘践位以后，对于他的老师，立刻赐予恩封："太武践阼，追录前朝旧勋，赐爵永宁男。"② 等到拓跋焘去世，他又一次获得加封："以奉礼郎奉迁太武、景穆神主于太庙，进爵为子。"献文帝拓跋弘皇兴年代(467—471)，他任征南大将军慕容白曜司马，在平定三齐的过程中立下了功劳，"遂表为青州刺史，进爵为侯，加冠军将军"。此后，他调回朝廷，任官尚书右丞。但不久以后，"除平东将军青州刺史，假范阳公"。这已是孝文帝拓跋宏在位的时候。郦范一生，从拓跋嗣到拓跋宏在位的时候，服官五十年左右，经历了五位国君，从一个没有爵位的给事东宫，最后获得了外姓功臣的最高爵位——范阳公。在拓跋鲜卑朝廷中，郦范已经成为一位宠臣和重臣，从他一生平步青云的经历中，可以看到汉族知识分子在北魏朝廷中的重要地位。在朝廷之中，汉族和鲜卑已经可以平起平坐，而在庶民之间，民族的隔阂，或许早已不复存在。这就是从郦氏家族

---

①② 均见《北史·郦道元传》。

所反映的这一时期的民族融合过程。

郦范在献文帝拓跋弘皇兴年代，就曾因慕容白曜的推荐当过青州刺史。现在，他受了朝廷晋封的最高爵位，挂了平东将军的头衔，再次出任青州刺史。所以这不是一般的调遣，而是具有重要政治意义的。拓跋宏的时代，正是北魏的鼎盛时代，青州（州治在今山东省青州市）是个统辖七郡三十三县的大州，郦范以显贵的爵位膺此重任，这显然是拓跋宏“吾方经营天下，期于混一”这个远大计划中的一个组成部分。青州从地理位置来说，对于进军江南，虽非首当其冲，却是后方基地，具有重要的战略意义。郦范这一次出任此处是重作冯妇，让一位熟悉此州情况而又是朝廷充分信任的大臣前往主宰此州，无疑是一个极有见地的任命。正在拓跋宏计划南征，而郦范受命重主青州之时，他的儿子郦道元也开始踏入仕途。《水经·河水注》记及此事：“余以太和十八年，从高祖北巡，届于阴山之讲武台；……余以太和中为尚书郎，从高祖北巡。”这个时候，郦范想必已经老耄，但郦氏家族中的年轻一代继续得到北魏王室的信任。郦道元所说的太和十八年，正是拓跋宏把首都从平城南迁到洛阳的一年，拓跋鲜卑的汉化已经接近完成，就在这一年，郦道元作为郦氏家族中的一个年轻成员进入仕途，虽然官不过尚书郎，但是能够用为拓跋宏的近臣随侍北巡，说明了郦氏家族为北魏王室所倚重的程度。自从太和十四年拓跋宏亲政以来，这位年轻君王所推行的一系列大刀阔斧的改革，确实振奋人心。他把首都从上百年的祖宗基地迁到遥远的汉族名都洛阳，这是一件牵动千百家王公大臣的惊人措施，但是对于一些有雄心，有抱负的人，从偏城小邑平城骤然来到洛阳这个通都大邑，让他们大开眼界。郦道元在这样一个关键时刻踏入仕途，作为拓跋宏身边的近臣，他必然受到极大的鼓舞而对北魏的一统事业充满信心。在这样一个时代背景下，长期在这样一个家族中接受熏陶教育的郦道元，欣逢这样一位有雄才大略的明君拓跋宏，确是如鱼得水，使他的一生事业得到一个美好的开头。兹依据胡适《论赵一清的水经注释稿本的最后状态》①，将郦氏家族世系列出如下：

- 郦绍—郦嵩—
  - 郦范—
    - 道元(善长)，孝昌三年(527)死。
    - 道□
    - 道□
    - 道慎(善季)，正光五年(524)死，年三十六。
    - 道约(善礼)，武定七年(549)死，年六十三。
  - 郦神虎
  - 郦夔—恽(幼和)，武泰元年(528)死，年三十六。
  - 郦神期
  - 郦显度

二、郦道元

郦道元(？—527)，字善长，范阳涿州人。家乡所在，地名称为郦亭。清孙承泽在《春明梦余录》卷六十四说："郦亭在涿州南二十里，为郦道元故居。"清涿州郡在今河北省涿县，说明直到清代，郦亭这个小村落的地理位置仍然明确。我国古籍中

---

① 见《胡适手稿》三集下册。赵一清认为道元有一弟名道峻，参见本书第五章。

记及郦道元籍贯的就是两部正史,《魏书》和《北史》,但这两部正史的记载却是模糊和错误的。《魏书·郦道元传》称郦道元"范阳人也"。范阳是个郡名,郡下有七县:涿、固安、范阳、苌乡、方城、容城、遒。所以这条记载是模糊的。《北史·郦道元传》称郦道元"范阳涿鹿人"。涿鹿确实是个县名,在两汉,涿鹿是上谷郡的属县;在晋代,涿鹿是广宁郡的属县;在北魏,范阳郡下没有涿鹿县。所以这条记载是错误的。而且还必须说明,不管是两汉的涿鹿县或是晋代的涿鹿县,其地理位置都在桑乾河(《水经注》称为㶟水)流域;而涿州,则在拒马河(《水经注》称为巨马水)流域。此两河之间,隔了一系列分水岭,这是不能含糊的。由于《魏书》的模糊和《北史》的错误,直到今天还引起不少人的误会。例如四川人民出版社 1980 年出版的《中国文学家辞典》,和内蒙古人民出版社 1982 年出版的《文学家手册》等工具书中,在郦道元这一条下,都说他是今河北省涿鹿县人。有人或许会提出,上面所引《春明梦余录》的记载是否可靠,因为孙承泽是清朝人,上距郦氏一千多年,其所记也不一定确实。现在看来,最无可争辩的当然是郦道元自己的记载。《水经·巨马水注》说:

> 巨马水又东,郦亭沟水注之。水上承督亢沟水于遒县东,东南流,历紫渊东。余六世祖乐浪府君,自涿之先贤乡爰宅其阴。

这段记载中提出的地名如巨马水、郦亭沟水、遒县等,都是今拒马河流域的地理实体,郦亭沟水当然就是流经郦氏家乡郦亭的这条小河,这是信而有征的。郦道元家乡在今河北省涿县，这是没有疑问的。

上面说到由于《魏书》的含糊和《北史》的错误，我在河北省出版的《史志文丛》1989年3月号上发表了一篇题为《郦道元的家乡》的拙文。因为这个问题，曾在河北省引起过争论。涿鹿县地名办公室的一位先生，曾于1984年初写信给我，引了不少文献，举了许多例子，用以论证郦道元是涿鹿人而不是涿县人。在他们所引及的文献中，我才知道，这种错误甚至已经写入了前面指出的一些记载文学家的工具书中。则这种错误还将以讹传讹地扩散开去。

涿鹿县地名办公室的那位先生在信中告诉我，经过他的研究，北魏范阳郡属县中漏列涿鹿县，县治在今涿鹿县东南的矾山，就是郦道元的家乡。我在复信中告诉他，对于北魏范阳郡在《魏书·地形志》是否漏列涿鹿县，他的说法虽无确实根据，但我不愿轻率地否定他，因为在正史地理志中漏列县名的确实存在。但是我指出："从北魏到今天一千多年，行政区划的频繁变化不知已经几度？但自然地理的变化却是十分微小的。矾山的地理位置虽然在今涿鹿县东南，但它滨北沙河（季节河），属于桑乾—永定河流域，这个流域与拒马河流域之间，有超过海拔2000米的灵山等分水岭，行政区划再变，流域却是变不了的。郦道元既然清清楚楚地写明了他的家乡在拒马河流域，怎能与桑乾—永定河流域相混淆呢？"我在拙文中同时也敦促河北省的地方志机构："中国历来的习惯，正史无传或正史传记简略的知名人物，总是由地方志来补充正史的不足。郦道元是河北人，这是河北的光荣，但也是河北的责任。在有关省、县地方志中，如何替这位伟大人物写上一篇详细的传记，在这次修志高潮中，无疑是一个重要的任务。"现在，我希望能够在河北省和涿县的志书中看到对郦道元家乡的实地考察报告,让我们知道巨马水、督亢沟水、郦亭沟水和紫渊等自然地理实体,在这一千多年中有些什么变化。

另外一个问题是郦道元的出生年代问题。关于他的生年,学者曾发表过许多不同的意见。例如《水经注疏》,杨守敬在《巨洋水注》"余总角之年,侍节东州"下疏云:"考道元孝昌三年遇害,年四十二,……是生于太和九年(485)。"赵贞信《郦道元生卒年考》(《禹贡半月刊》第七卷,第一、二、三合期,1937年)认为可能生于和平六年(465)或延兴二年(472)。日人森鹿三《郦道元传略》(《东洋史研究》第六卷第二号,1950年),认为生于皇兴三年(469)。段熙仲《水经注六论》(点校排印本《水经注疏》,江苏古籍出版社1989年版),认为生于皇兴三年,与森鹿三同。我在拙著《爱国主义者郦道元与爱国主义著作水经注》[①]一文中,也曾推算郦氏生年,认为生于延兴二年,与赵贞信的说法之一同。此外还可以举出一些例子。所有这些学者对郦氏生年的推算,其主要依据,都是《水经·巨洋水注》中的一句话:"余总角之年,侍节东州。"这里的所谓"侍节东州",是指他父亲出任青州刺史之时。郦范第一次出任青州刺史时在献文帝皇兴年间,第二次出任在拓跋宏尚未亲政的延兴年间,这当然是可以推算的。但问题却在"总角之年"一句。"总角"一词,最早见于《诗经》和《礼记》,《诗·卫风·氓》:"总角之宴,言笑晏晏。"《诗·齐风·甫田》:"婉兮娈兮,总角丱兮。"《郑笺》作"收发结之"。《礼记·内则》:"男女未冠笄者,鸡初鸣,咸盥漱、栉、縰、拂髦、总角、衿缨。"《郑笺》:"总

① 《水经注研究二集》,山西人民出版社,1978年版。

角，聚两髦也。”为此，除了“男女未冠笄”这一笼统的概念外，“总角”一词，没有具体的数值意义，无非泛指童年而已。所以历来各家推论，虽然大同小异，相去不远，但其实都并不可靠。

从《水经注》的记载中，我们知道郦道元在太和十八年进入仕途。当然，我们并不能排除他实际上的入宦年龄比此稍早的可能性，但差数估计不会很大。尚书郎是一种职位低微的小官，在《魏书・官氏志》中还排不上位置。这也是我们估计他初入仕途的理由之一。由于他出身官宦世家，他的父亲是获得朝廷所赐外姓最高爵位的重臣。因此，他在这方面的优势当然是不言而喻的。他父亲死后，他继父亲的爵位，被封为永宁伯。①

郦道元一生在北魏王朝担任过许多官职，由于元宏的中道崩殂和北魏国势的陡落，他的仕途当然受到影响。不过虽然说不上坦荡，却也凭着自己的能力获得不少次升迁。他历任太尉掾、治书侍御史、冀州镇东府长史、颍川太守、鲁阳太守、东荆州刺史、河南尹、黄门侍郎、侍中兼摄行台尚书、御史中尉等官职。按《魏书・官氏志》，他最后的几项官职，如河南尹、御史中尉等，均入第三品，所以他已经属于北魏王朝的高级官吏了。最后他于孝昌三年(527)在关右大使任上遇难。朝廷追赠他吏部尚书冀州刺史。

郦道元的毕生行历，在《魏书》和《北史》中均列传记载。但《魏书・郦道元传》全文只有三百零九字，《北史・郦道元传》也只有六百十三字，包括抄录《魏书》的三百零九字在内。除了《魏书》和《北史》这两篇本传以外，历代以来没有任何记载郦

① 《北史・郦道元传》。

道元行历和郦氏家属的资料。因此，除了上述二传外，只有日本郦学家京都大学教授森鹿三撰写过一篇《郦道元传略》，发表于1941年《东洋史研究》第六卷第二号，内容也较简略。对郦道元所撰《水经注》一书，历代学者评述注疏，不下千万言，但撰者郦道元本人，传记寥落，实在甚不相称。① 其实，在三十余万字的《水经注》中，不仅记录了郦道元的毕生遭际，而且也包含了他的感情和思想。这是后世对郦道元一生的各个方面进行评述的最有价值的资料。《水经注》当然是一部以记载河流和其他自然地理和人文地理为主的地理书。但是由于郦道元曾经倾注他的全部感情在这部不朽名著之中，因此，从思想感情的高度来说，这是他的一部自传，一部境界很高的自传。对这部自传进行细致深入的剖析，郦道元的生平业绩和思想感情，都可以和盘托出。当然，这样的工作，具有极大的难度，我所作的尝试，其成效如何，只能让读者来鉴定了。

---

① 我曾经写过三篇介绍郦道元生平行历的文字：《爱国主义者郦道元与爱国主义著作水经注》，载《郑州大学学报》哲学社会科学版，1984年第4期(收入《水经注研究二集》，山西人民出版社，1987年版)；《郦道元生平考》，载《地理学报》，1988年第3期；Li Daoyuan, fl. c. 500. AD, Geographers Biobibliographical Studies, Vol. 12 1988, Mansell, J. W. Arrowsmith, Ltd, Bristol, Great Britain.

第三章 爱国主义者

一、大一统思想

前面已经述及，自从秦始皇一统以来，两汉是一个国势鼎盛的时代。但从此以后，国家出现动乱，终至南北分裂，人民流离。在战祸连绵，兵荒马乱的日子里，有识之士，当然会向往两汉时代的那种版图广袤，国势强盛，人民安居乐业的情况，而且希望有朝一日，让这个天下大势分久必合，再度出现像两汉那样的大一统局面。这种思想是这个时代的必然产物，郦道元就是其中一个非常突出的例子。

郦道元生在南北分离的时代，他是一个爱国主义者，他的爱国主义思想，首先表现在大一统思想。大一统思想是什么？杨向奎教授在其著作《大一统与儒家思想》（中国友谊出版公司，1989 年版）一书中对此作了精辟的解释。杨先生指出：

"'大一统'的思想,三千年来浸润着我国人民的思想感情,这是一种凝聚力,这种力量的渊泉,不是狭隘的民族观念,而是内容丰富,包括有政治经济文化各种要素在内的实体,而文化的要素更占有重要地位。'华夏文明'照耀在天地间,使我国人民具有自豪感与自信心,因而是无比的精神力量。"

从郦氏家族的渊源来看郦道元,他出身于一个世代官宦的家族,在当时,这样的家族,当然属于书香门第。他从小所受的教育是儒家的正统教育,这大概是没有疑问的。从《水经注》所引的文献中经常出现的四书五经以及他在注文中对尧舜孔孟等人的推崇,可以窥及他所受的教育。所以大一统思想在他身上原来就是根深蒂固的。而他眼前存在的已有二百年的南北分裂,就更促使他这种思想的发展。当他的青少年时代,正是北魏励精图治,国势蒸蒸日上的时候,而南朝则处于篡夺频仍,朝政腐败,国势凌夷的时候。他的父辈受到北魏朝廷的重用,而拓跋氏变夷为夏的各种改革,都促使他产生由元魏一统天下的思想。拓跋焘挥军南下,势如破竹,直抵长江北岸,这是不久以前的事情,郦道元当然知道。现在,胸怀大志的元宏亲政,正在从各方面进行准备,决心要实施他入侵南朝,统一全国的大业。在挥师南下以前,为了巩固北方的防务,因而于太和十八年亲自出巡六镇,直到阴山一带。这一次边疆巡行,郦道元就是随行人员之一,当时他年齿甚幼,官秩很低,但却能入选为随行人员,这一方面固然说明了郦氏家族所受到的信任,另一方面也说明了郦道元的才华意气深得拓跋朝廷的赏识。所有这一切,郦道元当然心领神会。他显然希望,两个世纪的南北分裂,将由元宏这位英明的国君来结束,两汉以来的大一统国家又将出现。

郦道元所以能够成为一个向往祖国统一的爱国主义者，并不是偶然的。他对历史上曾经出现过的版图广大的王朝的概念，如上所述，当然是从他的广泛阅读和父辈的教育中得到的。但是他之所以向往这样一个广大而统一的祖国的再次出现，却是受了北魏王朝励精图治的几位国君如拓跋焘特别是元宏的影响。不过他没有料到元宏的中道崩殂，也没有料到国势就从此一蹶不振。他眼看祖国统一无日，而锦绣河山支离破碎。就是从这个时期开始，他潜心于《水经注》的撰写，通过著述以寄托他热爱祖国和渴望祖国统一的胸怀。

《水经注》一书成于何时，历来说法不一，但它是郦道元后期之作，却是没有疑问的。贺昌群在北京科学出版社影印《水经注疏》卷首的《说明》中，认为此书成于延昌、正光间(512—525)；岑仲勉在《水经注卷一笺校》[①]中，认为此书成于延昌、孝昌间(512—527)；日本郦学家森鹿三认为此书成于延昌、神龟到正光五年的十年之中(512—524)。[②] 按《水经注》全书中出现的最后一个有具体计数的年代是延昌四年(515)[③]，不过在这个年份以后，尚有几个虽未计数却仍可查核的较延昌四年更晚的年份。例如卷三十《淮水》经“又东过钟离县北”注：“淮水又东迳浮山，山北对巉石山，梁氏天监中，立堰于二山之间，逆天地之心，乖民神之望，自然水溃坏矣。”这里，作为南朝年号的梁天监，始于502年，终于519年，长达十七年，似乎

① 《圣心》第二期，1933年，又收入于《中外史地考证》上册，中华书局，1962年版。

② 《郦道元传略》，《东洋史研究》第六卷第二号，1941年。

③ 卷二十九《比水》经“比水出比阳东北太胡山，东南流过其县南，泄水从南来注之”注：“余以延昌四年，蒙除东荆州刺史。”

难以捉摸。但注文所述浮山堰的成败过程，在《梁书·康绚传》中却确然可考，此堰成于梁天监十三年（北魏延昌三年），溃于天监十五年八月，时当北魏熙平元年。郦注既然记及此堰的“溃坏”，则事涉熙平元年，这个年份较《水经注》的延昌四年晚了一年。又卷十六《穀水》经“又东过河南县北，东南入于洛”注：“水西有永宁寺，熙平中始创也”。按北魏熙平是516—518年，此条或又晚于《淮水注》的熙平元年。又卷二十六《沭水》经“又南过阳都县，东入于沂”注：“魏正光中，齐王之镇徐州也，立大堨，遏水西流。”按正光是520—525年，距郦氏被害已不到十年。

所有这些，都证明《水经注》撰写于郦道元的后期，正是胡太后临朝，朝政腐败至于不可挽回之时。北朝的兴盛时期已经过去，而南朝也处于一种奢靡腐败，苟且偷安的局面之中，郦道元显然明白，在他的有生之年，一个版图广大的统一祖国是不可能出现了。但他并不是一个失败主义者，尽管事不可为，他把这种希望寄托于撰述，潜心写作，把他的全部爱国主义感情倾注在《水经注》这样一部巨著之中。

当郦道元出生之日，国家分裂已经超过一个半世纪，除了干戈扰攘以外，他毕生从来没有看到过统一的国家。但是他著述《水经注》却以西汉王朝的版图为基础，这就是他心目中的大一统，是他的爱国主义思想的精髓所在。有人认为《水经注》叙述的空间范围是由《水经》决定的。这话其实不对，因为选《水经》作注，乃是郦道元自己的决定，是他的祖国一统思想的反映。何况《水经》简列河川源流，并不包罗西汉版图，例如朱崖、儋耳二郡（今海南岛），因与《水经》所述河流无涉，并不载入《水经》，但郦道元却并不轻易放过，以之附于《温水注》的记载之中，而且写得非常详细：

> 朱崖、儋耳二郡，与交州俱开，皆汉武帝所置，大海中，南极之外，对合浦徐闻县，清朗无风之日，遥望朱崖州，如囷廪大，从徐闻对渡，北风举帆，一日一夜而至，周回二千余里，径度八百里，人民可十万余家，皆殊种异类，被发雕身，而女多姣好，白皙、长发、美鬓，犬羊相聚，不服德教。

一个足迹绝未南下的北人，对于这两个在遥远的南方大海中的、建置短暂的西汉属郡，竟叙述得如此详细，这只能说明他如何地向往历史上出现过的那繁荣昌盛的大一统局面。

前面已经提及，郦道元原来把这种大一统的局面，寄希望于汉化了的北魏王朝，但是在元宏去世以后，急转直下的形势，使他在这方面的希望成为泡影。因此，在《水经注》的撰述中，在这方面已经没有明显的政治倾向。要说政治倾向，当然也可以说有，那就是他通过此书的撰述，诚挚而热情地表达了他的祖国大一统愿望。在当时，南北存在着两个敌对的王朝，尽管他自始至终一直服官并且忠诚于北朝，但是在《水经注》的文字中，毫无这种思想感情的流露。虽然南北分裂的现实不容改变，但他的著作绝不以南北为鸿沟。甚至在许多地方使用南朝的年号。他的这一举动，竟使清初的郦学家为之愕然。

清初郦学家全祖望曾向另一郦学家沈炳巽借阅其《水经注集释订讹》稿本，事后撰有《沈氏水经注校本跋》一文①，文

---

① 《全氏七校水经注附录》。

中就述及南朝年号之事。卷三《河水》经“又东过云中桢陵县南,又东过沙南县北,从县东屈南,过沙陵县西”注中有“其水东南流,过武川镇城,城以景明中筑”一语。沈炳巽在稿本中把“景明”错忆作“景平”,沈氏在此注云:“景明是宋少帝年号”。全祖望看出了沈氏的错讹,加注说:“愚谓非也,善长岂用南朝之年乎?”可惜这两位学者到死也没有把这件事情弄明白,沈炳巽当然是记忆的偶误,他看到的“景明”这个年号,其实是北魏世祖的年号,但他误作宋少帝的年号(景平),让他大吃一惊,全祖望在吃惊之余,悟到了沈氏的错误,才理应正当地指出:“善长岂用南朝之年乎?”对他们来说,这种吃惊是毫不足怪的,就在他们以前不久,庄廷铣纂《明书》,正因使用了“隆武”、“永历”等南明年号,竟至于合族受戮,牵连无计。他们怎能想得到,郦道元却真真实实地在《水经注》中使用了不少南朝年号呢?

或许可以说沈炳巽、全祖望二人的读书都不算很仔细。当然,在这方面也找得到原谅他们的理由,康熙年代的这场文字狱,吓得他们连想都不敢想。沈炳巽误忆作宋少帝年号的这个“景平”,后来确实在卷三十五《江水》经“湘水从南来注之”注中出现:

> 南对龙穴洲,沙阳洲之下尾也,洲里有驾部口,宋景平二年,迎文帝于江陵,法驾顿此,因以为名。

这里的宋少帝年号“景平”是当真的,估计他们二位都被庄廷铣的案子吓丧了胆,做梦都想不到身为北朝命官的郦道元当真在他的著作中使用南朝年号。其实,我说他们二位读书不仔细也不算过分，因为郦氏使用的南朝年号实在不少。全书第一个南朝年号在卷五《河水》经“又东过茌平县西”注中出现：

宋元嘉二十七年，以王玄谟为宁朔将军，前锋入河，平碻磝，守之。

元嘉二十七年(450)时当北魏太平真君十一年，正是拓跋焘挥大军长驱南下到达长江北岸的这一年，郦道元竟在这一年的另一场碻磝之战中用了南朝年号，真是不可思议。卷五以后，从卷六到卷二十七，没有发现南朝年号，但从卷二十八《沔水》起，南朝年号一时大量出现，卷二十八《沔水》，卷二十九《湍水》，各有“元嘉”年号，卷三十《淮水》有梁“天监”年号，卷三十二《肥水》有宋“泰始”、宋“元徽”、齐“建元”、齐“永明”年号，卷三十五《江水》有宋“元嘉”、宋“景平”、宋“泰始”年号，卷三十六《温水》有宋“元嘉”年号，卷三十八《湘水》有宋“元嘉”年号，卷三十九《赣水》有宋“景平”年号。而且往往在一卷中反复使用，例如《江水注》中出现“元嘉”年号三次，《温水注》中出现“元嘉”年号四次。

郦道元如此频繁地在《水经注》中使用南朝年号，应该作怎样的解释呢？郦氏世居北方，与南朝绝无联系。郦氏祖辈如前所述，历代服官于北朝，与南朝绝无瓜葛。郦氏家族包括他本人，受北魏王朝倚重已如前述，郦道元在其遇难前两年即孝昌元年，南梁遣将北侵，北魏王族元法僧在彭城反叛，他以一个文职官员，受朝廷紧急任命，指挥了这次平叛的军事行动。所以他忠于北朝的耿耿之心是绝无可疑的。但是，他却在《水经注》中使用南朝年号十五次。从南朝年号出现的卷次来看，全书四十卷之中，卷二十八以前出现一次，以后出现十四次。因此我认为卷五《河水注》中的“元嘉”年号，是郦道元在以后修改全稿时补上去的。因为在他的著作中使用南朝年号的决定，显然是他撰述的后期作出的，所以南朝年号集中出现在卷二十八以后，假使没有卷五《河水注》的这一“元嘉”年号，我们或许可以用这样的设想来考虑郦道元的用意，即北方河流用北朝年号，南方河流用南朝年号。郦氏在匆匆整理全稿时，或许也发现了这一点，因此在卷五《河水注》中插入了前面指出的一小段。这一小段从内容到文字，都显是后来外加的，因为乍看这几句话，好像是刘宋人的写作而不是北魏人的写作，他不用“陷碻磝”而用“平碻磝”。假使北魏人读了这样的文字，将会有什么感受。其实碻磝之战，刘宋算不得什么胜利。王玄谟在这年七月攻入碻磝，十月就败退，而且败得十分狼狈，据《通鉴》卷一二五所记：

> 魏主渡河，众号百万，鞞鼓之声，震动天地。玄谟惧，退走，魏追击之，死者万余人，麾下散亡略尽，委弃军资器械山积。

这年十二月，拓跋焘大军终于到达瓜步，与南朝首都隔江相望，以致“建康震惧，民皆荷担而立，……王公以下子弟皆从役”①。这就是这一年从七月到十二月半年之中(此年闰十月)的军事情况。这年十一月，拓跋焘在进攻彭城(今徐州)时，曾

① 《通鉴》卷一二五《宋纪》七，文帝元嘉二十七年。

派他的尚书李孝伯到南门见刘宋沛郡太守张畅，李孝伯问张畅："王玄谟亦常才耳，南国何意作如此任使，以致奔败，自入此境七百余里，主人竟不能一相拒逆。"[①]被北魏不齿的王玄谟，在郦道元笔下，却加上南朝年号，把他写得像一位英雄。由此可以说明，元嘉二十七年，王玄谟"前锋入河，平碻磝"这一段，是郦道元完成全稿以后加上去的。

郦道元在北魏入宦之时，刘宋被萧齐篡夺已有十年左右。而元宏开始南进之时，又正是南齐东昏侯登位之年，这个在当太子时就"不好学，唯嬉戏无度"的顽劣少年，在即位以后，又"不与朝士相接，专亲信宦官及左右御刀、应敕等"[②]，是个十足的昏庸小人。这个君臣腐败，篡夺频仍的南朝，为郦氏所不齿，当然毫无疑问。但元宏死后，北魏形势陡变，而萧齐随即为萧梁所篡夺，萧梁篡位后五年，北魏就遇到淮水战役的惨败。从此，年复一年，岁月迁延，南朝固然不足成大器，北朝却也一蹶不振，郦道元完全明白，在祖国大一统的事业上，南北两朝都已无所作为。北朝既已无力征服南朝，南北对峙的局面，在他有生之年，已经成为定局。则南北两朝年号的并存，就成为一种客观事实，因此，回避南朝年号不仅已无必要，而且作为一部传至其人的著作，特别是他倾注了全部感情于这部著作之中，向往一个统一的大帝国的出现，他更应南北兼顾，不忘他毕生未能亲履的南方半壁河山。这或许是他南北年号并用的原因。当然，他的这种思想是随着南北形势的变迁而逐渐形成的。因此，南朝年号在他著作中的使用实始于卷二十八，而

① 《通鉴》卷一二五《宋纪》七，文帝元嘉二十七年。

② 《通鉴》卷一四二《齐纪》八，东昏侯永元元年。

卷五王玄谟一段，显然是后来再加的。当他加写这一段时，距碻磝之战已经七八十年，南朝也已两度易主，早已成为历史，他自然更可不必回避了。

由此可见，郦道元的大一统思想，显然有两个阶段。开始，他满怀信心，一个版图广大的帝国，将在北魏君主元宏手上出现。但是到后来，严酷的事实，使他不得不承认南北并存的天下大局。当然，如上面已经指出的，他并不是一个失败主义者，他深信，如同西汉王朝那样的大一统局面，总有一天能够到来。这种思想转变的过程，也就是南朝年号从卷二十八起一时大量出现的过程。郦道元是做得正确的，假使《水经注》的撰写是按他的早期思想而以北尊南卑作为基础，毫无疑问，此书就不可能取得如此巨大的成就。

二、"中国人的自然之爱"

美国学者亨利·G. 施瓦茨(Henry G. Schwarz)在其所撰《徐霞客与他的早年旅行》[①]一文中，以"中国人的自然之爱"(The Chinese Love of Nature)一语，来描述明代旅行家徐霞客的为人。真是深得要领。所以密西根大学教授李祈在她所著《徐霞客旅游日记》[②]一书中，第一章就采用了施瓦茨的"中国人的自然之爱"作为标题，章内介绍了不少我国历史上热爱大自然的人，如谢灵运、柳宗元、陶潜、李白等文学家和

① Bellingham, Washington, Program in East Asian Studies, Western Washington State College, Occasional Paper No. 3, 1971.

② The Chinese University of Hong Kong, 1974.

诗人。读了他们的文章，我也有感于中，特地写了一篇《郦道元与徐霞客》①的文章，着重说明，徐霞客在许多方面继承了郦道元，郦道元也是一位十分热爱中国大自然的人。对祖国大自然的无比热爱，这是除了大一统思想以外，郦道元爱国主义思想的另一重要内涵。

前面已经述及郦道元的家乡在范阳郡、涿县的郦亭。从他的一生行历来看，他在家乡的时间是很短促的。但是他对家乡的自然风景却充满了热爱。卷十二《巨马水》经"又东南过容城县北"注云：

巨马水又东，郦亭沟水注之，水上承督亢沟水于遒县东，东南流，历紫渊东。余六世祖乐浪府君，自涿之先贤乡爰宅其阴。西带巨川，东翼兹水，枝流津通，缠络墟圃，匪直田园之瞻可怀，信为游神之胜处也。

除了家乡以外，他童年随着他父亲奔走四方，所到之处，他以后都回忆当地的美好自然环境，写在他的注文里。例如卷二十六《巨洋水》经"又北过临朐县东"注中，就记下了他随父到青州临朐所见的美好风光：

巨洋水自朱虚北入临朐县，熏冶泉水注之。水出西溪，飞泉侧濑于穷坎之下，泉溪之上，源麓之侧，有一祠，目为冶泉祠，……水色澄明而清泠特异，渊无

① 载《徐霞客研究文集》，江苏教育出版社，1986年版，又收入《水经注研究二集》。又另一种收入《读水经注札记之四》，载《明报月刊》，1990年11月号。

潜石，浅镂沙文，中有古坛，参差相对，后人微加功饰，以为嬉游之处，南北邃岸凌空，疏木交合。先公以太和中作镇海岱，余总角之年，侍节东州，至若炎夏火流，闲居倦想，提琴命友，嬉娱永日，桂笥寻波，轻林委浪，琴歌既洽，欢情亦畅，是焉栖寄，实可凭衿。小东有一湖，佳饶鲜笱，匪直芳齐芍药，实亦洁并飞鳞。其水东北流入巨洋，谓之熏冶泉。

熏冶泉一带是他“总角之年”旧游，当年恐怕还写不出这样的文章，这是他几十年后的回忆。但令人十分吃惊的是，他对这一带的山川风物，记忆得何等清楚，描写得何等细腻。不是一个充满了自然之爱的人，是不可能写出如此生动美好的篇章来的。

明朝有个词章派的郦学家朱子臣，他编撰了一本称为《水经注删》[①]的郦书，专门评论郦注词章。其书多半是并不切中要害的词句品评，有的评语还暴露了他的幼稚无知，[②]所以没有什么可取之处。但在郦氏描写熏冶泉这一段中，却写出了几句不同凡响的评语。他说：“山水朋友，性命文章，是名士本色，叙得矜重。”“是名士本色”一语，说明他确实读过不少古人描写山水的著作，正如前面提及的密西根大学的李祈在“中国人的自然之爱”的标题下所介绍的许多人物。他把这些名士的“本色”，归结为“山水朋友，性命文章”一语，也还算差强人意，这

① 北京图书馆善本部藏有明刊本。

② 卷三十六《温水》经“东北入于郁”注“昆仑单舸”下，朱子臣评：“舸名新。”按“昆仑”是南洋人族名，朱竟认为是船名。

实际上就是包括郦道元在内的这些“名士”的自然之爱。

明末清初学者张岱在其《跋寓山注二则》[①]一文中曾经说过：“古人记山水，太上郦道元，其次柳子厚，近时则袁中郎。”郦道元以描写山水著名，这当然是古今学者所公认的。张岱笔下在这方面次于郦道元的另外两人，是柳子厚（宗元）和袁中郎（宏道），他们二人都是富有“中国人的自然之爱”的学者。柳宗元（773—819）是著名的唐宋八大家之一，当然是文章高手。但是张岱所说的是“记山水”。柳宗元所写的山水文章，主要就是《永州八记》。这是他因王叔文党事被贬为永州司马时在永州（今湖南零陵）所写，文章短小简炼，文笔清丽，历来名重一时，脍炙人口。袁宏道（1568—1610）是明朝后期的文学流派公安派（袁是湖北公安人）的代表人物，所以也是一位文坛名流，而且还是一位旅游家。《明史·袁宏道传》说他与其兄宗道、弟中道都是公安派学者，“宦游京师，多交四方名士，足迹半天下”。所以在他的诗文集《袁中郎全集》四十卷中，有不少游记。有人把他的游记从全集中抽出，编成《袁中郎游记》[②]一种，也很受人欢迎。这里需要指出的是，不论柳宗元还是袁宏道，他们的游记文章，都是身历其境之作。柳宗元生当唐德宗、宪宗两朝，虽非盛唐之世，但唐朝毕竟版图广大，声威远播，是一个泱泱大国。袁宏道生当明朝晚期，国力虽逊而尚未穷蹙，边疆纵有不宁，而长城以内，仍是明土，袁氏昆仲行旅所及，莫非皇舆。所以柳、袁二人之世，均属承平已久，而皇朝一统。他们眼目所见，足履所及，心上所思，笔上所述，无不在皇舆域内。他们用

① 《琅嬛文集》卷五。

② 中国图书馆出版部，1936 年版。

文字表达的对中国的自然之爱，都是中国的土地。所以他们在这方面性情舒坦，了无芥蒂。但郦道元与他们完全不同，当他出生之日，国家分裂已有一个半世纪，干戈扰攘，人民流离。他立身于半壁河山，而心怀一统的祖国。在如此处境之下，同样是一个满腔“中国人的自然之爱”的学者，同样借文字表达了这种感情。但是与柳宗元、袁宏道不同，他必须在许多问题上面对现实。例如，他要描写的祖国山川，是他立身的半壁河山以内，抑是在此半壁河山以外；是他亲身经历，亲眼目击，抑是他无法亲见，必须借助于其他文献；用北朝年号，抑是用南朝年号。如此等等，都使他煞费苦心。在这样的景况之下，他对祖国山川的描写，仍被张岱誉为三位高手之中的“太上”。文穷而后工，或许就是这个道理。从这里也给我们一种启发，这就是，郦道元的所以能够在祖国自然风光的描写中登峰造极，一方面固然是由于他的高度写作技巧，但另一方面更是由于他对祖国河川的无比热爱。

郦道元的确是把他的全部感情倾注在《水经注》的撰写之中的，凡是他足迹所到之处，由于他的悉心考察和热情观赏，因此，他的描述，不仅如清初著名郦学家刘献廷所说的“毫发不失”①，而且更是活龙活现，栩栩如生。对于他未能亲履其地的那些著名山水胜景，他也无不搜集大量文献，细心选择，着意描摹，所以能够写出细致生动、令人百读不厌的文章。全部《水经注》中，描写山水的锦绣文章当然俯拾即是，但历来传诵的千古杰作，主要有两篇。民国以来，常常被选入中学甚至大学的国文课文，作为青年人欣赏和学习的范文。这两篇，一篇

① 《广阳杂记》卷四。

是记述黄河孟门瀑布的，另一篇是记述长江三峡的。这两处，孟门位于北魏旧都平城以南，新都洛阳以北，是他常经之地；而长江三峡，位在南朝腹地之中，他足迹所未履，但这两处河山胜景，在《水经注》中都是前无古人，后无来者的绝作。

孟门瀑布一篇，全文不过一百三十一字，在卷四《河水》经“又南过河东北屈县西”注下：

> 孟门，即龙门之上口也。实为河之巨厄，兼孟门津之名矣。此石经始禹凿，河中漱广，夹岸崇深，倾崖返捍，巨石临危，若坠复倚，古之人有言，水非石凿，而能入石，信哉。其中水流交冲，素气云浮，往来遥观者，常若雾露沾人，窥深悸魄。其水尚崩浪万寻，悬流千丈，浑洪赑怒，鼓若山腾，濬波颓迭，迄于下口。方知慎子下龙门，流浮竹，非驷马之追也。

孟门瀑布就是今天的壶口瀑布，位于陕西省宜川县之东，山西省吉县以西的黄河上，由于两岸山势紧逼，黄河河床从200—300米在此骤然紧缩到30—50米，形如壶口倒悬，所以今称壶口。水流从三十米高处倾泻而下，形成注文所描述的人间奇观。著名历史地理学家史念海教授在其著作《历史时期黄河中游的下切》①一文中评论这段文章说：“这完全是壶口的一幅素描，到现在还是这样，到过壶口的人，一定会感到这话说得亲切。”我算是一个到过壶口的人，我完全同意史念海教授的评论。

① 《河山集》二集，三联书店，1982年版。

《水经注》描写长江三峡的篇幅很多，从卷三十三《江水》经"又东过鱼复县南，夷水出焉"注："江水又东迳广溪峡，斯乃三峡之首也"一句开始，以后在卷三十四《江水》经"又东过夷陵县南"注："江水又东迳西陵峡，……所谓三峡，此其一也"一句以下而终。其中最著名的一段千古文章在卷三十四《江水》经"又东过巫县南，盐水从县东南流注之"注下：

> 自三峡七百里中，两岸连山，略无阙处，重岩叠嶂，隐天蔽日，自非停午夜分，不见曦月，至于夏水襄陵，沿泝阻绝，或王命急宣，有时朝发白帝，暮到江陵，其间千二百里，虽乘奔御风，不以疾也。春冬之时，则素湍绿潭，回清倒影，绝巘多生怪柏，悬泉瀑布，飞漱其间，清荣峻茂，良多趣味。每至晴初霜旦，林寒涧肃，常有高猿长啸，属引凄异，空谷传响，哀转久绝。故渔者歌曰：巴东三峡巫峡长，猿鸣三声泪沾裳。

这段文章共一百五十五字，历来为人所传诵，唐李白的著名七绝《早发白帝城》："朝辞白帝彩云间，千里江陵一日还，两岸猿声啼不住，轻舟已过万重山。"实际上就是这一段文章的缩写。[①] 我也有幸从重庆乘江轮顺江东下，欣赏了三峡胜景，除了没有猴子以外，其他一切景观，与《水经注》上所描写的真是毫厘不差。若用史念海教授对壶口瀑布的话来说："这完全

① 《中国古代山水诗鉴赏辞典》(江苏古籍出版社，1989 年版)在李白此诗下抄录了这段注文，并云："李白这首诗，都从《水经注》脱胎而来。"

是三峡的一幅素描。”

郦道元没有到过三峡，因为三峡位于南朝荆州的巴东（今四川省奉节县一带）、建平（今四川省巫山县一带）、宜都（今湖北省宜昌市一带）三郡境内，而北魏的势力，只及于今秦岭和淮河一线。现在有些编书的人说郦道元亲履其地，①实在是很大的误会。当因卷三十四《江水》经“又东过夷陵县南”注下，有一句“及余来践跻此境”的话，才造成这种误会。前面已经提到，郦道元对于他足迹未到的山川胜地，总是搜集大量资料，经过他的仔细选择，认真体会，然后引用原文，或是加以修润改写。所以虽然他并非亲见，但文字仍然十分生动。对于声名甚著的长江三峡，郦道元当然把它作为他表达“中国的自然之爱”的重点。他精选了许多有关这个山水胜境的文献，特别是亲眼目睹者的写作。其中最重要的就是曾任宜都太守的东晋人袁山松所撰的《宜都山川记》（或作《宜都记》）。郦道元常在注文中指出，“袁山松曰”、“山松言”、或“《宜都记》曰”，可以为证。前面提及的卷三十四《江水》经“又东过夷陵县南”注中，有一段话说：“山松言，常闻峡中水疾，书记及口传，悉以临惧相戒，曾无称有山水之美也。及余来践跻此境，既至欣然，始信耳闻之不如亲见矣。其迭崿秀峰，奇构异形，固难以辞叙，林木萧森，离离蔚蔚，乃在霞气之表，仰瞩俯映，弥习弥佳，流连信宿，不觉忘返，目所履历，未尝有也。既自欣得此奇观，山水有灵，

① 《地学史话》（上海科技出版社，1979 年版）中有《郦道元和水经注》一篇，在此篇的《耳闻不如亲见》小标题下有这样一段话：“郦道元久闻长江三峡之名，决定亲自去看一看。他不辞艰险，长途跋涉来到了三峡。”此文之下，还画了一幅郦道元在三峡考察河流的素描。

亦当惊知己于千古矣。”这段话，当然是《宜都记》中的话，当年袁山松在宜都当太守，才有机会在这里“流连信宿”，而“耳闻不如亲见”的话，正是袁山松的话，把它移到郦道元身上，真是张冠李戴。

但是上面所引的那一篇描写长江三峡的千古杰作，显然并不是《宜都记》的原文，而是郦道元根据《宜都记》和其他一些文献改写的。① 袁山松的原文，在经“又东过夷陵县南”注中，郦道元曾经引过几段：

> 袁山松曰：自蜀至此五千余里，下水五日，上水百日也。

> 《宜都记》曰：自黄牛滩东入西陵界，至峡口百许里，山水纡曲，而两岸高山重障，非日中夜半，不见日月。

> 袁山松言：江北多连山，登之望江南诸山，数十百重，莫识其名，高者千仞，多奇形异势，自非烟褰雨霁，不辨见此远山矣。余尝往返十许过，正可再见远峰耳。

以上三段，加上前已引述的“及余来践跻此境”的一段，都

---

① 这一段文字，《御览》卷五十三作刘宋盛弘之《荆州记》录入，按盛撰《荆州记》卷三十一《淯水注》曾引及，但郦氏在《江水注》中未言盛书，《御览》作盛书录入，于事可疑。

是郦道元《长江三峡》这一篇杰作的资料来源。诸如“两岸连山,略无阙处”,“停午夜分,不见曦月”,“朝发白帝,暮到江陵”。如与袁山松的这几段文章加以对比,都可以看出《水经注》在袁文的基础上加工的痕迹。当然,郦道元的加工是成功的。应该说,他的这一篇已经超过了“耳闻不如亲见”的袁山松。对于长江三峡,《水经注》的确立下了千秋功勋。它不仅让早已亡佚的《宜都山川记》,借《江水》一篇而留下了吉光片羽,而且还为三峡胜景,写出这样一篇千古文章。对于郦道元来说,尽管他没有目击现场,但是他的成就,实在已经超过了他亲履其地的孟门瀑布。用什么理由来解释他在山川描写中的非凡成就,除了文字技巧以外,主要应归功于他的感情,他对于祖国的自然之爱的真挚感情。正是因为他把这种真挚的感情倾注在祖国河山之上,感情凝聚,使他能够从心神深处领会袁山松和其他一些目击三峡者的著作,从而写出超过他们的文章。

第四章 地理学家

按照大一统思想和对祖国大自然的无比热爱评价，郦道元当然是一个爱国主义者。但是，从全部《水经注》来看，他显然是一个地理学家，而且正如前面所指出的，他是“地理大交流”时代中最杰出的地理学家。日本地理学界元老米仓教授的评价更为崇高：“中世纪时代世界上最伟大的地理学家”。但是应该看到，不管郦道元的地理知识如何渊博，他在地理学上的造诣如何精深，他同样是在“地理大交流”的潮流之中锻炼出来的，没有这一场波及全国的“地理大交流”，没有在这场大交流中比他早诞生的一大批前辈地理学家和他们的著作，则郦道元在地理学上的成就和《水经注》的撰述，都是很难想像的。

郦氏撰《水经注》注文内明确指名引用的文献共达四百八十种，其中地理类为一百零九种。[①] 在这一百零九种地理文献

① 《水经注文献录》，载《水经注研究二集》。

之中，魏晋南北朝以前的仅有二十种，而魏晋南北朝，也就是“地理大交流”开始以后的达八十九种。这就说明了地理大交流时代的地理学著述对于郦氏撰述的影响。

我在为刘盛佳先生的专著《地理学思想史》①一书的序言中，特别指出了，“地理大交流”促使人们的地理学思想空前活跃，“地理学思想空前活跃的结果，是大量地理著作的出现。这些地理著作和先秦时代的地理著作如《山海经》、《禹贡》、《穆天子传》等很不相同，他们摆脱了先秦作者漫无边际的想像和假设的陋习，而以他们的直接或间接的实践经验作为他们写作的依据，使中国第一次出现了许多记载翔实、描述生动的地理著作”。我在这篇序言中批判了一些先秦的地理著作，指出了这些作者的“漫无边际的想像和假设的陋习”。但郦道元不仅不满于先秦地理著作，甚至对魏晋南北朝以前的地理著作都提出了他的批评意见。他在《水经注序》中指出：

> 昔《大禹记》著山海，周而不备；《地理志》其所录，简而不周；《尚书》、《本纪》与《职方》俱略；都赋所述，裁不宣意；《水经》虽粗缀津绪，又阙旁通。所谓各言其志，而罕能备其宣导者矣。

这里，郦道元所批评的如《大禹记》、《本纪》(俱已亡佚)、《尚书》(当指《禹贡》)、《职方》等，都是先秦地理著作，郦氏说它们“周而不备”、“俱略”，这当然是人所共见的。但他同时也批评了《汉书·地理志》：“简而不周。”对于此书，郦道元的评

---

① 华中师范大学出版社，1991年版。

价和我们今天的评价很不相同。我们今天推崇此书，认为这是我国沿革地理的嚆矢，它所记录的汉代郡县沿革，是很宝贵的资料。但郦氏所在的时代和我们不同，今天我们如果没有《汉书·地理志》的记录，我们已经无法把当时这许多郡县的沿革变迁进行考实，但郦氏所在的时代不同，在他看来，这些资料并不困难。事实也的确如此，《水经注》曾经对《汉书·地理志》的沿革记录作了不少纠谬和补充。我在拙著《水经注记载的行政区划》[①]一文中已经详述。例如对汉代分封的侯国，《水经注》的记载就远超过《汉书·地理志》。清钱大昕为此指出："汉初功臣侯者百四十余人，其封邑所在，班孟坚已不能言之，郦道元注《水经》，始考得十之六七。"[②]由此可见，"简而不周"的话，从郦氏来说，不算过分。

郦氏序言中指为"裁不宣意"的"都赋"，是当时流行的一种文字体裁，属于韵文。例如汉扬子云的《蜀都赋》，晋左思的《齐都赋》等，《水经注》指名引用的这类"都赋"共有十三篇，加上性质相同的如《东京赋》、《西京赋》和性质相似的如《五湖赋》、《江赋》、《大河赋》等，一共有十九篇，文字的内容都是记载当时的大都会以及著名的河山。按内容属于地理文章，但按体裁则属于诗赋。因为《水经注》引用的其他诗赋甚多，所以在我所编辑的《水经注文献录》中，把它们列入"诗赋类"。这中间，除了汉扬雄(子云)的《蜀都赋》、张衡的《南都赋》等外，多数都是魏晋南北朝的作品，像《扬都赋注》，是南朝齐庾杲之所撰，是《水经注》时代的当代作品。这类"都赋"，文章单薄，加

① 《水经注研究》，天津古籍出版社，1985 年版。

② 《潜研堂答问》卷九。

上音韵的限制，所以常常叙事简略，而且辞不达意，郦氏的批评“裁不宣意”，是恰如其分的。

郦道元最后批评的是他为之作注的《水经》。对于郦道元来说，《水经》算不上什么很古的书籍。据戴震在其所校的武英殿本《水经注》的《校上案语》中的考证：“观其涪水条中，称广汉已为广魏，则决非汉时；钟水条中，称晋宁仍曰魏宁，则未及晋代。推寻文句，大抵三国时人。”杨守敬在其《水经注疏凡例》中进一步考证：“在淇水入河，至建安十九年，曹操始遏淇水东入白沟，而经明云东过内黄县为白沟，此又魏人作经之切证。又刘璋分巴郡，置巴东、巴西郡，而夷水、漾水，经文不称巴郡。蜀先主置汉嘉郡，涪陵郡，而若水，延江水，经文不称汉嘉、涪陵。他如吴省沙羡县，而经仍称江夏沙羡。吴置始安郡于始安，而经仍称零陵始安，盖以敌国所改之制，故外之。此又魏人作经，不下逮晋代之证也。”由此可以肯定，这一篇不署作者名氏的《水经》，是三国魏人的著作。郦道元对它的批评，并不像以上诸书那样地一笔抹杀，而是加了一句低调的褒语：“虽粗缀津绪。”当然，缺点仍然是主要的：“又阙旁通”。

把郦道元对他以前的这些地理著作所作的批评，诸如“周而不备”、“简而不周”，特别是对《水经》的“又阙旁通”等加以研究，可以窥及他的地理学思想。

我在前面曾经引用米仓二郎教授的评论，当郦道元成为地理学家的时候，正当欧洲的黑暗时代，那时候的欧洲，用米仓教授的话来说：“就连一个杰出地理学家也没有。”但是，我在为刘盛佳先生所写的序言中仍然指出：

> 当然，历史的车轮是不断前进的。欧洲从十一世

纪以后结束了它的黑暗时代，接着就迎来了资本主义的萌芽和发展，从而促成了新航路的探索而发生了“地理大发现”的伟大场面。在世界地理学思想史上，另一个波澜壮阔的飞跃时代终于在欧洲出现。而像洪堡（Alexander Von Humboldt）和李特尔(Karl Ritter)这样划时代的地理学家在这个时代中应运而生。就是这些地理学家，他们把古典的地理学，引向现代科学的地理学。他们在地理学思想史上的崇高地位，当然是值得大书特书的。

科学史的确是一门饶有兴味的学问。郦道元是“地理大交流”后期的人物，在他著书立说过了十三个世纪以后，时当“地理大发现”的后期，地理学史上出了上述洪堡和李特尔这样的杰出人物。我们把郦道元和洪堡、李特尔在地理学思想上加以对比，我们所发现的事实，真是令人不可思议。

美国学者普雷斯顿·詹姆斯（Preston E. James，1899—）在其所撰《地理学思想史》[①]一书中，曾引用了一段美国著名地理学家哈特向（Hartshorne Richard，1899—）的话：

许多学者称洪堡和李特尔是近代地理学的奠基人，但也有充足理由把他们看作是古典地理学的掘墓人。洪堡和李特尔运用地理大发现所带来的大量新资料，各自按他们自己的方法，汇合成了综合性巨著。

---

① 中译本，李旭旦译，商务印书馆，1982年版。

洪堡和李特尔的业绩出现在欧洲，他们是依靠“地理大发现”所造就的非凡人物；现在，从洪堡和李特尔的时代倒数十三个世纪，依靠“地理大交流”所造就的非凡人物郦道元，他也是用“地理大交流”所带来的大量新资料，按他自己的方法汇合成了综合性的巨著——《水经注》。如今我们完全可以确信，按照历史的评价和现实意义，用“地理大交流”所带来的大量新资料撰成的《水经注》，完全不逊于用“地理大发现”所带来的大量新资料撰成的诸如《宇宙》、《中部亚洲》、《新大陆热带地区旅行记》（以上洪堡著）《地学通论——它同自然和人类历史的关系》（李特尔著）等著作。众所周知，洪堡的地理学思想，是把自然界看作一个巨大的整体，而在这个整体之中，各种自然现象，有其相互之间的内在联系。李特尔的地理学思想，是在区域地理研究中强调各种地理现象的因果关系。郦道元批评《禹贡》、《职方》等著作过于简略，批评《汉书·地理志》简单地罗列现象而资料并不完备，批评《水经》只有单一地理要素的叙述而缺乏与其他地理要素之间的相互联系。由此可见，郦道元的地理学思想，特别着重地理学的综合性。他反对《汉书·地理志》那种沿革嬗递的简单罗列，也反对《水经》那种水道流程的简单罗列，而提出“旁通”的地理学思想。“旁通”就是综合性，就是各地理要素之间的相互联系。在这种地理学思想的指导下，他为《水经》作注，使全书成为一部以河流为纲的区域地理研究巨著。每一条河流按其干支流流域的分布形成若干区域，每一个区域都是自然地理和人文地理的综合体。他用他得自“地理大交流”以来的大量新资料，尽可能详细地对每个区域进行描述。他用实际措施改变被他批评过的那些古代地理书的简单罗列。例如卷十九《渭水》经“又东过华阴县北”注中，他仍然用《汉书·地理志》的材料说明华阴县的沿革：“《春秋》之阴晋也，秦惠文王五年，改曰宁秦，汉高帝八年，更名华阴，王莽之华坛也。”但是他用更多的篇幅描述渭水的支流洛水，也写了华山和其他山岳。华山是篇内重点，描述了它的高度和形状，以及附近的其他山岳、河流，山上的泉水及其流向，山上的树木等等。此外还记下了华山的地名渊源，祠庙碑刻，人物历史和其他掌故，字数超过《汉书·地理志》十余倍。从这条经文下的这篇注文之中，可以看到郦道元作注的基本方法和他的地理学思想。他显然是以渭水这条河流为纲，把经文所叙“（渭水）又东过华阴县北”这个地区作为他描述的区域范围，也就是以华阴县为核心的包括渭水、洛水流域和华山这一带。在这个区域范围中，他详细地把自然景观和人文景观作了综合性的描述。尽管这个地区是他足迹亲履之地，但是他仍然参阅了许多文献，在这一篇五百多字的注文中，指名引用的文献达八种，而其中四种，即“阚骃”（指阚骃的《十三州志》）、《曹瞒传》、《西征记》、《述征记》，都是“地理大交流”的产品。则“地理大交流”对他的地理学思想和著述的关系不言而喻，情况与“地理大发现”对于洪堡和李特尔一样。

按照哈特向的说法，洪堡和李特尔是古典地理学的掘墓人。那么，在洪堡和李特尔以前十三个世纪，在中国的特殊环境里，郦道元结束了虚构地理学的时代，而开创了一个崭新的写实地理学的时代。

中国的古代地理学，确实存在过一个虚构时代，这个时代主要在先秦，但其影响却直到两汉。虚构地理学的作品如《山海经》、《穆天子传》和《禹贡》等，它们都是很有价值的作品，因为它们不同于《格列佛游记》。这些著作有虚有实,从虚构的部分来看,其荒诞不经并不亚于格列佛所见的“小人”和“大人”。但是这些荒诞的事物,却是落实在相当可靠的地理基础之上的。《穆天子传》就是一个例子,此书所载的故事情节当然是荒谬的。周穆王西征会见西王母,对于这个西王母,《穆天子传》记载的是个能吟歌应对、彬彬有礼的人。但《山海经·西山经》却把她描写成为是一个“其状如人,豹尾虎齿而音啸”的怪物。而周穆王的旅程,在其十三年(前989年)闰二月初十才“绝漳水”,也就是从今河北省南部出发,即同年十一月十四日,就“天子饮于潟水之上”,“六师之人毕至于旷原”,“勒七萃之士于羽琌之上”。据顾实《穆天子传西征今地考》[①]“潟水”是今苏联高加索地区的库拉河,“旷原”则包有今南俄大平原及东欧大平原,而“羽琌”则是今波兰的华沙一带。从今河北南部到波兰华沙,直线距离就超过一万公里,周穆王却只花九个月时间就能到达。但是比一比写实地理学的作品,以清初图理琛的《异域录》[②]为例,此书记载的是他的一次真实的旅行。他于康熙五十二年(1713)正月十六日,从楚库柏兴(今苏联贝加尔湖以东的乌兰乌特附近)出发,于当年十一月十六日到达萨拉托夫,整整走了十个月,行程大概只有周穆王的一半。所以《穆天子传》记载的周穆王的这次旅行及其与西王母的高峰会晤,当然是虚构的。但旅程中出现的许多地名却是实在的。除了

① 《国学丛刊》一卷四期,1923年。

② 《丛书集成》初编本。

上面指出的顾实以外，如丁谦的《穆天子传地理考证》[①]，檀萃的《穆天子传注疏》[②]，翟云升的《复校穆天子传》[③]，岑仲勉的《穆天子西征地理概测》[④]等，都已有所考证。虚构这个故事的作者，显然在当时的中西交通上作过一番调查研究，从当时北方的游牧民族传说，战争被俘的兵民以及其他迁徙的部族等之中，获悉了中国以西的一些地理概况。这中间当然也夹杂着一些似是而非的东西。例如《穆天子传》卷二，"先王之所谓县圃"。这个"县圃"，《楚辞·天问》及《淮南子·地形训》也都作"县圃"，但《水经·河水注》作"玄圃"："昆仑之山三级，下曰樊桐，一名板桐；二曰玄圃，一名阆风；上曰层城，一名天庭，是为太帝之居。"从这类描述中，"县圃"和"玄圃"当然是荒诞不经的传说，但是若把眼光转向西方，就会发现，"县圃"和"玄圃"很可能就是古代巴比伦王尼布甲尼撒（Nebuchadnezzar）的"悬园"（Hanging Garden），或者也称为空中花园。《穆天子传》的作者所写的正是他从西方人口中获得的这项资料，顾颉刚和童书业曾以此推论古代东西交通的发达。[⑤]也说明了《穆天子传》虽属虚构但仍然具有价值。

《山海经》的虚构比较明显，不必赘述。《禹贡》当然是一部很有价值的地理文献，它所描述的"九州"的自然景观和人文

---

① 《浙江图书馆丛书》第二集（刊于《地学杂志》六卷七——十一期，1915年）。

② 郭璞注，檀萃疏，《碧琳瑯馆丛书》乙部。

③ 《五经岁徧斋校书》。

④ 《中山大学学报》社会科学版，1957年第2期。

⑤ 《汉代以前中国人的世界观念与域外交通的故事》载《中国古代地理学考证论文集》，中华书局，1962年版。

景观，不仅表现了地理学的综合，而且非常符合实际。但是它毕竟是一部虚构的地理作品。它的虚构在于时代，这位作者把他在公元前三世纪能够了解到的黄河和长江流域的地理概况，上溯十七、八个世纪，把它们归之于在当时也不过是一种传说的“禹敷土，随山刊木，奠高山大川”的时代。这等于今天有人把一部现代作品作为后汉的古籍一样荒唐。《禹贡》是《尚书》中的一篇，而《职方》则是《周礼·夏官大司马》中的一篇，其虚构性质和《禹贡》一样。

上面说到这种先秦的虚构地理学，直到两汉仍有很大的影响。就以《汉书·地理志》为例。此书当然并非虚构，但它在卷首却把《禹贡》和《职方》全录在内。中国古代的这种虚构地理学作品及其撰写方法，甚至直到“地理大交流”的时代，当写实地理学开始抬头的时代，仍然在地理学的发展中起着不小的作用。这就是郦道元在《水经注序》中指出的：“今寻图访赜者，极聆州域之说，而涉土游方者，寡能达其津照，纵仿佛前闻，不能不犹深屏营也。”他当然是反对这种虚构学派的，所以他说：“默室求深，闭舟问远，故亦难矣。”应该看到，在“地理大交流”的整个时代中，在《水经注》以前，已经出现了写实的地理著作，这些地理学家，尽管他们的著作是写实的，是他们直接或间接的实践成果，但是谁也不曾在他们的著作中阐明自己的工作方法。他们中的大多数，或许还没有意识到以往的那些虚构作品的缺陷。是郦道元第一个在《水经注序》中提出了他的研究和著述方法：“脉其枝流之吐纳，诊其沿路之所躔，访渎搜渠，缉而缀之。”在中国地学史上，我们实在应该把他的这几句话看作是“写实地理学宣言”。

郦道元是一位杰出的古代地理学家，他是写实地理学的开创者，他强调地理学研究中的实践，提倡区域地理研究中的综合观点。他以高度的敏感和极大的努力，将“地理大交流”过程中出现的大量新资料，撰写成为中国地学史上的不朽名著《水经注》。和十三个世纪以后的洪堡及李特尔相比，虽然在科学发展的阶段上不可同日而语，但是他们的地理学思想却是如此的接近，这是一种巧合，抑或是科学发展史上的必然规律？看来还可以研究。

第五章 “酷吏”

前已指出，郦道元是一位爱国主义者，也是一位地理学家。这是我们现代的评论。郦道元遇难于北魏孝昌三年，他死后二十七年，与他同时代的魏收，于北齐天保五年(554)修成了《魏书》。在《魏书》中，郦道元被收入《酷吏传》，他成为一个“酷吏”。这是事关重要的问题，必须在这里论述一下。

郦道元在北魏，承其先人余荫和他自己的能力，担任了不少官职，已如上述。由于处身于一个干戈扰攘的乱世之中，他做官的方法，大概就是《魏书·郦道元传》所说的“威猛为治”，也就是《北史·郦道元传》所说的“威猛为政”。乱世用重典，这或许就是他的吏治思想。当然，这种思想是随着当时的政治形势、社会情况而发展的。当他年轻时初入仕途任尚书郎时，他随侍拓跋宏北巡六镇，当时北魏国势正盛，社会安谧，他满怀追随魏帝一统全国的愿望。既非乱世，何用重典？他当时显然不会想到他日后必须借“威猛”才能服官于北朝。但随着元宏中道崩殂，北魏国势陡然衰落，而且从此一蹶不振，宣武帝正始四年又蒙受淮水之战的惨败。孝明帝元诩时，胡太后临朝，朝政腐败，至于不可收拾，而南梁频频北犯，塞外六镇又一再告急。北魏内部离心日著，社会扰攘，人心浮动。他服官于这样的时代，“威猛为治”，其实就是当时社会情况的反映。他于永平年代出任鲁阳太守，正值淮水惨败以后，鲁阳（今河南省鲁阳县北）有许多少数民族，当时，社会情况的不稳可以想见，而正是由于他的“威猛”，才稍获安宁。据《北史》所记：“山蛮伏其威名，不敢为寇。”其实，郦道元的“威猛”，也只是他在当时的社会情况下的一种不得已的手段。从他的家庭出身和个人素养，他仍然希望让鲁阳这个偏僻穷困、文化落后地区的人民得到教育和提高。这就是《北史》记载的他在鲁阳的治绩：“道元表立黉序，崇劝学校。诏曰：鲁阳本以蛮人，不立大学，今可听之，以成良守文翁之化。”看来朝廷是赞赏他的治绩的。或许也正因为此，他得以一个郡守在延昌四年擢升为刺史。按《魏书·官氏志》，鲁阳不过是个下郡，郡守是第六品官，东荆州（今河南省泌阳县一带）或许也只是个下州，但官位已是第四品了。他到东荆州任刺史后，和他在鲁阳当郡守时一样，据《北史》记载，仍然“威猛为政”。终于使当地的少数民族不堪忍受，而“蛮人诣阙，讼其刻峻”。于是受到了朝廷“免官”的处置。不过在事实上，朝廷免去他东荆州刺史的官职，无非是缓和一下民族间的矛盾，他接着内调为河南尹，按《官氏志》，这已经是第三品官。从官位的上升，可以说明，他的“威猛”不仅没有违背朝廷的法度和利益，也并未达到受社会道德谴责的程度。而从另一方面看，这种“威猛”，表示了他的果断和勇敢。正因为此，郦道元常常被朝廷临危授命，去完成一种紧急的和艰难的任务。见于其本传的就有三次,第一次是在六镇报乱前夕,据《北史》所载:“诏道元持节兼黄门侍郎,驰驿与大都督李崇筹议置立、裁减、去留。”事在正光之末(524—525)。这里值得注意的是“持节”一语,从晋代以来,朝廷在对大臣临危授命时,往往加以“使持节”、“持节”、“假节”的权力。《晋书·职官志》说:“‘使持节’为上,‘持节’次之,‘假节’为下。‘使持节’得杀二千石以下;‘持节’杀无官位人,若军事,得与‘使持节’同;‘假节’唯军事,得杀犯军令者。”这次郦道元的授命,或许可以视同军事,权力实同于“使持节”。但是由于朝廷的措施已晚,“会诸镇叛,不果而还。”第二次临危授命在孝昌元年(525),据《北史》所载:“孝昌初,梁遣将扬州刺史元法僧又于彭城反叛,诏道元持节,兼侍中,摄行台尚书,节度诸军事,依仆射李平故事。军至涡阳,败退,道元追讨,多所斩获。”这一次临危授命,除了“持节”以外,并且还要“依仆射李平故事”。据《魏书·李平传》:“冀州刺史京兆王愉反于信都,以平为使持节都督,北讨诸军事镇北将军,行冀州事以讨之。”说明所谓“李平故事”,实际上就是朝廷在非常时刻任命一位文官指挥一场战争的先例。京兆王愉是皇上的元弟,又是坐镇北疆的封疆大吏,其反叛朝廷,关系非同小可,所以朝廷采用这样的紧急措施,以求平叛军事的迅速奏效。郦道元这次的受命也正是这样,元法僧是北魏宗室,曾任魏光禄大夫,当时是使持节都督徐州诸军事,徐州刺史,是北魏南疆的封疆大吏。所以朝廷引“李平故事”,断然临危授命,让郦道元持节节度诸军,一举击溃元法僧,他走投无路,终于投奔南梁。第三次临危授命即是雍州刺史萧宝夤反状暴露,朝廷命他为关右大使深入险境。虽然这次授命可能是他的政敌的陷害阴谋,而他终于在这次使命中蒙难。但事情的本身仍然可以说明郦道元具有这种出生入死，赴汤蹈火的果断和勇敢的品质。

由于当时的政治形势和社会情况，郦道元为官采用“威猛为治”的方法，清代郦学家赵一清对此已有所议论。但《魏书》撰者，竟把他列入《酷吏传》，实在是极不公正之举。

清乾隆间编纂《四库全书》，诏定二十四史为“正史”，“正史”在我国是权威的史书。但其实“正史”存在许多缺陷。例如，“正史”从《汉书》立《酷吏》、《佞幸》二传以后，《后汉书》、《魏书》、《北齐书》、《北史》、《隋书》、《两唐书》、《金史》等均立《酷吏传》；而《宋书》、《南齐书》、《北齐书》、《南史》、《北史》、《宋史》、《金史》、《明史》等均立《佞幸传》。读“正史”和用“正史”的人，已经习以为常，却并不追究，既立《酷吏传》和《佞幸传》，为什么不立《暴君纪》和《昏君纪》？在我国历史上，酷吏和佞幸当然很多，但暴君和昏君何尝会少？而且暴君和昏君给人民造成的灾难，又岂是酷吏和佞幸可比。这实在是“正史”的极不公正之处。不过这是节外的议论，因为《酷吏传》已经成为“正史”中的现实，现在需要查究的是《魏书·酷吏传》，是否存在什么问题。

《魏书·酷吏传》共收入酷吏九人：于洛侯、胡泥、李洪之、高遵、张赦提、羊祉、崔暹、郦道元、谷楷。这中间，大部分确实是酷吏，譬如于洛侯：

> 百姓王陇客刺杀民王羌奴、王愈二人，依律，罪死而已。洛侯生拔陇客舌，刺其本，并刺胸腹二十余疮，陇客不堪苦痛，随刀战动，乃立四柱，磔其手足，命将绝，始斩其首，支解四体，分悬道路，见之者无不

伤楚，阖州震惊，人怀怨愤。

又如张赦提：

> 斩人首，射其口，刺入脐，引肠绕树而共射之，以为戏笑，其为酷暴如此。

此外如胡泥，“刑罚酷滥”，李洪之“酷暴”，羊祉“天性残忍”，高遵“严暴非理，杀害甚多”。这些人，有的因为暴虐而受到朝廷的诛灭，如于洛侯、李洪之、高遵、张赦提，均被朝廷“赐死”；有的因为丑名昭彰，受到社会的唾弃，如羊祉，“所经之处，人号天狗”；谷楷“以暴虐为名，时人号曰瞎虎”。《酷吏传》中列名的人，还有另外一个特点，就是贪赃受贿，如胡泥，“受纳货贿”，李洪之“受赃狼藉”，高遵“争求货利”，崔暹“盗用官瓦，赃污狼藉”。残酷与贪婪，历来就是一对孪生弟兄，例子甚多，不胜枚举。

《魏书》撰者魏收在《酷吏传》卷末“史臣曰”下说：“于洛侯等为恶不同，同归于酷，肆其毒螫，多行残忍，残人肌肤，同诸木石，轻人性命，甚于刍狗，长恶不悛，鲜有不及。故或身婴罪戮，或忧恚值陨，异途皆毙，各其宜也。凡百君子，以为有天道矣。”从上列几个酷吏的残酷事实，从魏收的“史臣曰”云云，把郦道元列入《酷吏传》，实在令人诧异。因为在《魏书·郦道元传》中，涉及他一生为官中最严重的过失只是在东荆州刺史任上，“威猛为治，民诣阙讼其刻峻，坐免官”。对于此事，前面已引记载较详的《北史》作了说明。不管是《北史》的“蛮人诣阙”或《魏书》的“民诣阙”，他们所控告的无非是“刻峻”，这和“威猛”并无二致。至于如何“刻峻”、“威猛”，却无具体内容。至于《酷吏传》中许多人涉及的贪赃受贿，与郦道元更是绝不相干，因为《魏书》承认他“秉法清勤”。《酷吏传》中多人受到朝廷的“赐死”，而郦道元不仅官位上升，殉职以后又得到朝廷的追赠。这些都是《魏书》自相矛盾而无法解释的。《魏书·郦道元传》记述郦氏为政严猛最重要的一段是：

> 道元素有严猛之称，司州牧汝南王悦，嬖近左右丘念，常与卧起，及选州官，多由于念。念匿于悦第，时还其家。道收念付狱，悦启灵太后请全之，敕赦之，道元遂尽其命，因以劾悦。是时雍州刺史萧宝夤反状稍露，悦等讽朝廷遣为关右大使，遂为宝夤所害，死于阴盘驿亭。

从这段文字中可见，道元的“严猛之称”，很可能是从一些为非作歹的皇亲国戚口中所传播出来的。因为在这“素有严猛之称”一句之下，实际上是写出了一个郦道元与王室中的一些坏人斗争的故事。汝南王元悦是孝文帝元宏的儿子，也就是当时在北魏当政的胡太后的儿子(但非胡太后所出)。这是一个心理变态的王室纨绔，据《魏书·孝文五王传》：“又绝房中而更好男色。”他最后投奔南梁萧衍，下场可耻。丘念是个仗元悦之势而无恶不作的男妓，但郦道元不管他有亲王的庇护，断然逮捕了他，汝南王求他母亲下敕赦免，郦道元坚决将丘念处死，并以此弹劾汝南王。这正是说明了郦道元的为官刚正，疾恶如仇，他不惧权贵，甚至皇亲。元悦无可奈何，只好另施阴谋诡计，怂恿胡太后把郦道元投入虎穴，借叛臣萧宝夤以置郦氏于死地。参与这次阴谋的除元悦以外，据《北史》所载，还有另一王室成员：“侍中城阳王徽，素忌道元。”元徽是孝文帝元宏的侄子，是元悦的堂兄弟。他之所以“素忌道元”，从《北齐书·宋游道传》中可以找到端倪：

魏广阳王深北伐，请为铠曹；及为定州刺史，又以为府佐。广阳为葛荣所杀，元徽诬其降贼，收录妻子。游道为诉得释，与广阳王子迎丧返葬。中尉郦善长，嘉其气节，引为殿中侍御史。台中语曰：见贼能讨宋游道。

这就说明城阳王元徽也是一个王室奸佞小人。被他捏造降敌的广阳王元琛，是元宏的堂兄弟，也就是他的堂叔父。由于宋游道的敢于说明事实真相，元琛获得昭雪，元徽当然怀恨在心。而郦道元却认为宋游道气节可嘉，委以官职，元徽于是就迁怒于郦，这就是他“素忌道元”的来由。

这里就值得研究，为什么像郦道元这样的人物，竟被《魏书》列入《酷吏传》。赵一清在其《水经注释》所附《北史》本传中，曾有一段案语：

《魏书》列传，高谦之专意经史，与袁翻、常景、郦道元之徒，咸称欵旧。按道元立身行己，自有本末，不幸生于乱世，而大节无亏，即其持法严峻，亦由拓跋朝淫污阘冗，救敝扶衰使然，何至列之《酷吏传》耶，恐素与魏收嫌怨，才名相轧故耶？知人论世，必有取于余言也。

赵一清首举高谦、袁翻、常景诸人，这是为了证明郦道元所结交过从的人，都是些正派学者，这些人的行历，都是从《魏书》和《北史》可以取得证明的。但他所说的："恐素与魏收嫌怨，才名相轧故耶"的话，却是他的猜测之词，从"正史"得不到可以直接证明的材料，我们只好设法寻求旁证。

《魏书》是北齐魏收所撰，魏收在北魏孝庄帝永安三年(530)任官北主客郎中，并奉命撰修国史，当时年已二十六岁，所以他和郦道元是同时代人。魏收在北魏当代就开始撰修国史，获得资料十分方便。以后唐李延寿撰《北史》，也利用了《魏书》的不少资料。前面已经指出《魏书·郦道元传》只有三百零九字，而《北史·郦道元传》为六百十二字。但此六百十二字，包括全录《魏书》的三百零九字在内。所以《北史》对郦道元的记叙中，有三百零三字是李延寿自己搜集的资料。现在我们比较一下《北史》和《魏书》的差别。

首先，《魏书·郦道元传》是《酷吏传》中的一篇，但《北史》则不然。《北史》也有《酷吏传》，但所列出只有于洛侯、胡泥、李洪之、张赦提、崔暹五人与《魏书》相同，郦道元不在《酷吏传》之内。

第二，《北史》中有五段对郦道元来说至关重要的评论，《魏书》都付缺如。这五段话是：

一、"景明中为冀州镇东府长史，……道元行事三年，为政严酷，吏人畏之，奸盗逃于他境。"

二、"后试守鲁阳郡，道元表立黉序，崇劝学校。诏曰：鲁阳本以蛮人，不立大学，今可听之，以成良守文翁之化。道元在郡，山蛮伏其威名，不敢为寇。"

三、“道元素有威猛之称，权豪始颇惮之”。

四、“道元与其弟道峻，二子俱被害。道元瞋目叱贼，厉声而死。”

五、“事平丧还，赠吏部尚书、冀州刺史，安定县男。”

从上列五段内容来看，则《北史》当然不能把这一位人物列入《酷吏传》。根据这五 段，再加上《北史》抄录《魏书》即郦道元收杀丘念并弹劾元悦的一段，则郦道元虽然“威猛为治”，但他的“威猛”，是在这个乱世社会中的必要措施。特别是对于那些为非作歹的皇亲国戚，高官子弟，他毫不留情，无所畏惧。这样的一位官吏，应该说是一个清官，一个好官，怎能列入酷吏？是不是《北史》撰者特别厚爱于郦道元？看来也并非如此。《北史》成于公元七世纪中叶，较《魏书》晚一个世纪。撰者李延寿所能搜集的资料，在魏收来说，当时都在他手边。但假使魏收也把《北史》的这五段文字写在传内，则此传当然无法再归于《酷吏》。李延寿作为一个史官，他补入魏收有意未写的重要史料，无非尽他的职责。可以证明他并不独厚于郦道元的实据是，因为他全录《魏书》内容，却疏忽了在他自己补入的内容和抄录《魏书》内容之间的显著矛盾。李延寿补入了魏收不写的“道元与弟道峻[1]，二子俱被害”一段，却又照录《魏书》“然兄弟不能笃睦，又多嫌忌，时论薄之”一段。赵一清在《北史》此段下案说：“案此亦仍《魏书》之旧而未经裁削者，观其有从死之弟，则非不能笃睦可知。”

《魏书·郦道元传》中没有把《北史》的第四、五两段话写

① 《北史》在“道”字下书一“阙”字。赵一清《水经注释》卷首录《北史》，在此处按云：“按史文阙一字，从《魏书》及本史参验，当是道峻。”

入，另外一个明显的原因是，因为假使他写上这两段，他在《酷吏传》卷末“史臣曰”中的几句含血喷人的话就将不攻自破。“史臣曰”中说：“故或身婴罪戮，或忧恚值陨，异途皆毙，各其宜也。”不错，《酷吏传》中的于洛侯、李洪之、高遵、张赦提，确实“身婴罪戮”。郦道元是为朝廷殉命，死得慷慨激烈，受到朝廷追赠的命吏。而《魏书》却只写了“悦等讽朝廷遣为关右大使，遂为宝夤所害，死于阴盘驿亭”寥寥数字，而在“史臣曰”中，竟以“异途皆毙”一语把郦道元推向于洛侯、张赦提之流，用心不可谓不深。

从这样的推究中，或许可以得出，赵一清所作的“恐素与魏收嫌怨，才名相轧故耶”的判断，并不是没有根据的。我无意否定二十四史中的一部，即《魏书》的史学价值。尽管历来有许多人说过贬低《魏书》的话，但平心而论，特别是从后世来看，作为一部史书，它不仅具有价值，而且具有自己的特色。但是由于涉及把郦道元莫须有地列入《酷吏传》的问题，所以不得不把魏收的其人其书说明一下。

魏收当然是个有才华的人，《北齐书·魏收传》对他的评价是：“收硕学人才，然性褊，不能达命体道。”他平素的处世为人，《北齐书》也有一段介绍：“收既轻疾好声乐，善胡舞，文宣末，数于东山与诸优为弥猴与狗斗，帝宠狎之。”这段话十分深入地刻画了此人的内心与外貌。当然，从其人其书两者来说，我们现在需要判断的，后者显然比前者要紧。从《魏书》来说，魏收撰成此书，当时就有人以此书书名谐音，称为“秽史”。直到清朝修《四库全书》之时，《四库提要》仍说：“收以此书，为世所诟厉，号为秽史。”近人段熙仲教授在其所撰《水经注六论》[①]中也说：“魏收秽史，入道元于《酷吏传》。”当然，这些批评都未涉及内容。《北齐书·魏收传》记载魏收撰此书的掌故甚多，可以录出一段：

> 所引史官，恐其凌逼，唯取学流先相依附者，房延祐、辛元植、睦元让，虽夙涉朝位，并非史才；刁柔、裴昂之以儒业见知，全不堪编辑；高孝干以左道求进。修史诸人，祖宗、姻戚，多被书录，饰以美言。收性颇急不能平，夙有怨者，多没其善。

从这段话中可以看到，以魏收为主编的这个《魏书》编委会中收容的是怎样一批角色。特别是这位掌褒贬大权的主编，《北齐书》引他自己常说的几句话，事情就十分明白：

> 每言：何物小子，敢共魏收作色，举之则使上天，按之当使入地。

魏收当然没有想到，百年以后，还会有人出来撰修《北史》，不该“上天”的还得拉下来，不该“入地”的，也要拉上去。

从魏收及其写作班子撰修《魏书》的这件事实中，我们也可以从中吸取教训，后朝为前朝修国史，首先当然是遴选人才。“在齐太史简，在晋董狐笔”，[②]前贤早已有训，不必赘述。

---

① 附录于《水经注疏》卷下，江苏古籍出版社，1989年版。

② 文天祥《正气歌》。

在时间上来说，当以相隔较远为宜。唐太宗主编《晋书》，不仅因为皇帝当主编，具有权威性；特别是因为从晋到唐，时隔两个多世纪，中间换过几个朝代，唐朝人可以客观地评论晋朝历史。或许有人认为，后朝接着为前朝修史，前朝资料俱在，收拾容易。但是为什么李延寿在一百多年后撰《北史》，而《郦道元传》中的上述五段材料，当代的魏收却偏偏不收呢？且不说像魏收这样的一个玩猴摸狗的人，真真的正人君子，因为时代接近，直接间接，千丝万缕的恩怨关系，包括后朝的御意和其他社会影响，对于束缚修史者的手脚，蒙蔽修史者的眼睛，作用是很大的。

郦道元当然不是酷吏，绝不应列入《酷吏传》。魏收可以把他看作"何物小子"，但李延寿却在百年以后把魏收贪没的材料公之于世。赵一清在一千二百多年以后又为郦道元仗义执言。这件事，给人们一种启发，有权有势者，要想除掉一个人，打倒一个人，在当时确是易如反掌。但是即使是最有权力的人，对于历史，他是无权的。历史无情，是非功罪，后世自有公论。

第六章 《水经注》中的郦道元思想

一、人定胜天

前面已经指出，《水经注》其实就是郦道元的自传。从这部自传中，我们可以研究郦道元的思想。前面论述的，他的大一统思想和“中国人的自然之爱”的思想，也都是他在《水经注》中所表达的。当然，除此以外，他在此书中所表达的思想还有许多方面。

前面也已经提及，《水经注》是一部以水道为纲的区域地理著作。在每一个区域中，他都重视了自然地理和人文地理的综合性。但是由于区域的划分上，往往是按照河流流域作标准的，所以在注文中涉及的所有自然地理要素中，首先就是河流。作为一部地理著作，不可避免地要研究人地关系，也就是人与自然界的关系。对于《水经注》这部特殊的地理著作，首先是人与水的关系。从郦道元在此书中对于人与水的关系的处理中，我们不仅可以窥测他的地理学思想，同时也可以看到他的自然观和世界观。

在整个自然界，郦道元把水的重要性提到极高的位置，这或许就是他选《水经》作注的原因之一。他在《水经注序》引《玄中记》说："天下之多者，水也，浮天载地，高下无所不至，万物无所不润。"所以在郦注全书中，充满了人类利用水的篇章。由于古代是个农业社会，郦道元所看上眼的"万物无所不润"，主要还在于农业，因而全书记载了大量的农田水利工程。

陂湖是古代农田水利工程的主要内容，也是《水经注》描述人与水的关系的重要部分。一般的陂湖，全书中当然比比皆是，而位置清楚，面积详悉的大型陂湖，全书也在二十处以上。例如卷二十四《睢水注》的滭陂："南北百余里，东西四十里"；卷三十二《肥水注》的芍陂："陂周百二十余里"；卷四十《浙江水注》的长湖："湖广五里，东西百三十里"。其中芍陂是我国淮河流域最早的大型水利工程；长湖即鉴湖，是我国东南地区最早的大型水利工程。仅从水利史资料的角度来说，这些记载也是非常宝贵的。

陂湖以外，《水经注》非常重视河渠水利工程，包括堤、塘、堰、堨等等，记载得十分仔细完备。特别是大型水利工程，例如卷十四《鲍丘水》经"又东过潞县西"注中记载的魏刘靖于嘉平二年(250)修建的车箱渠：

高梁河水者，出自并州，潞河之别源也。长岸峻固，直截中流，积石笼以为主遏，高一丈，东西长三十丈，南北广七十余步，依北岸立水门，门广四丈，立水十丈。山水暴发，则乘遏东下，平流守常，则自门北入，灌田岁二千顷。

这个工程到了魏景元三年(262)，又由樊晨加以扩建，延长车箱渠，迳昌平县到达潞县，又一次提高了灌溉效益，达到：“凡所含润，四五百里，所灌田万有余顷，高下孔齐，原隰底平，疏之斯溉，决之斯散，导渠口以为涛门，洒滮池以为甘泽，施加于当时，敷被于后世。”

卷十六《沮水注》记载的郑渠，是关中地区历史上著名的农田水利工程。注云：

沮水东注郑渠，昔韩欲令秦无东伐，使水工郑国间秦凿泾引水，谓之郑渠。渠首上承泾水于中山西邸瓠口，所谓瓠中也，《尔雅》以为周焦穫矣。为渠并北山，东注洛三百余里，欲以溉田。中作而觉，秦欲杀郑国，郑国曰：始臣为间，然渠亦秦之利。卒使就渠，渠成而用注填阏之水，溉泽卤之地四万余顷，皆亩一钟，关中沃野，无复凶年，秦以富强，卒并诸侯，命曰郑渠。

卷三十三《江水》经“岷山在蜀郡氐道县，大江所出，东南过其县北”注云：

李冰作大堰于此，壅江作堋，堋有左右口，谓之湔堋。江入郫江，捡江以行舟。《益州记》曰：江至都安，堰其右，捡其左，其正流遂东，郫江之右也，因山

> 颓水，坐致竹木，以溉诸郡。又穿羊摩江、灌江，西于玉女房下白沙邮，作三石人立水中，刻要江神，水竭不至足，盛不没肩。是以蜀人旱则借以为溉，雨则不遏其流。故记曰：水旱从人，不知饥馑，沃野千里，世号陆海，谓之天府也。邮在堰上，俗谓之都安大堰，又谓之金堤。

从上述两处人与水的关系中，一处是："溉泽卤之地四万余顷，皆亩一钟，关中沃野，无复凶年，秦以富强。"另一处是："水旱从人，不知饥馑，沃野千里，世号陆海，谓之天府也。"的确都是《水经注序》所说的"万物无所不润"的极好例子。在《水经注》记载的许多农田水利工程中，灌溉效益超过万顷的有上述车箱渠、郑渠、都安大堰、长湖和卷三十一《沅水注》的马仁陂五处，超过千顷的则有卷二十八《沔水注》的白起渠，卷二十九《湍水注》的六门陂，卷三十一《淯水注》的豫章大陂，卷三十三《江水注》的湔溴，卷三十七《沅水注》的涔坪屯等多处。

由于陂湖的水利价值，《水经注》在这方面的记载确实不遗余力。全注记载的各种陂湖达到五百六十处左右，除了上面列举的多处大型陂湖外，郦道元甚不愿放过那些实际上面积很小的陂湖，这主要就是因为他十分重视人与水体的关系。例如卷十五《伊水注》的慎望陂，面积不过十方里，但注文也指出："陂方十里，佳饶鱼苇。"最发人深思的是卷十一《滱水注》中面积只有几方里的阳城淀，但郦氏却从这个小小陂湖与人们之间的关系着眼，写了一段优美的文章：

> （博水）又东迳阳城县，散为泽渚。渚水潴涨，方

广数里，匪直蒲笱是丰，实亦偏饶菱藕，至若娈婉丱童，及弱年崽子，或单舟采菱，或迭舸折芰，长歌阳春，爱深绿水，掇拾者不言疲，谣咏者自流响，于是行旅过瞩，亦有慰于羁望矣，世谓之为阳城淀也。

这一段描写一个小小陂湖中的人与水关系，是何等的密切和谐。这其实是郦道元写出了他自己对水体的认识，写出了他对自然界这种“高下无所不至”的水体的真实感情。正是因为这种认识和感情，因此，凡是历来兴修水利的，他就赞赏歌颂，漠视甚至破坏水利的，他就抨击诅咒。也可以用陂湖方面的材料举个例子。卷三十《淮水》经“又东过新息县南”注云：

慎水又东流，积为燋陂，陂水又东南流，为上慎陂，又东为中慎陂，又东为下慎陂，皆与鸿郤陂水散流。其陂首受淮川，左结鸿陂。汉成帝时，翟方进奏毁之。建武中，汝南太守邓晨欲修复之，知许伟君晓知水脉，召与议之，伟君曰：成帝用方进言毁之，寻而梦上天，天帝怒曰：何敢败我濯龙渊？是后民失其利。时有童谣曰：败我陂，翟子威，反乎覆，陂当复，明府兴，复废业。童谣之言，将有征矣。遂署都水掾，起塘四百余里，百姓得其利。

在这段文字里，虽然郦氏引用的不过是一些“天帝”和“童谣”之言，但对于毁陂和复陂这两件事，褒贬毁誉，是十分明确的。充分说明了郦氏对人与水体关系的正确认识和他对于河川陂湖的深厚感情。古代也有人利用河湖水体的变化无常和人们的愚昧而诈骗百姓，敛财害人的。这当然是郦道元所绝不能容忍的。所以他在注文中也记下了这类故事。西门豹治邺即是其中众所周知的一个。卷十《浊漳水》经"又东出山，过邺县西"注云：

> 漳水又北迳祭陌西，战国之世，俗妇为河伯取妇，祭于此陌。魏文侯时，西门豹为邺令，约诸三老曰：为河伯取妇，幸来告知，吾欲送女。皆曰：诺。至时，三老、廷掾赋敛百姓，取钱百万。巫觋行里中，有好女者，祝当为河伯妇，以钱三万聘女，沐浴脂粉如嫁状。豹往会之，三老、巫、掾与民咸集赴观。巫妪年七十，从十女弟子。豹呼妇视之，以为非妙，令巫妪入报河伯，投巫于河中。有顷曰：何久也，又令三弟子及三老入白，并投于河。豹磬折曰：三老不来，奈何？复欲使廷掾、豪长趣之，皆叩头流血，乞不为河伯取妇。

这段故事，其实是从《史记·日者传》中节录改写的。《日者传》最后几句是："西门豹即发民凿十二渠，引河水灌田，田皆溉。"但《水经注》不同于《史记》，郦道元需要进一步搜索资料，把自从西门豹以来的漳水利用都写入注文。所以注文在写完河伯取妇这一段后，他不再抄录《日者传》，而是写下了更为完整的一段：

> 昔魏文侯以西门豹为邺令也，引漳以溉邺，民赖其用。其后至魏襄王，以史起为邺令，又堰漳水以溉邺田，咸成沃壤，百姓歌之。魏武王又堨漳水，回流

> 东注,号天井堰,二十里中,作十二墱,相去三百步,令互相灌注。一源分为十二流,皆悬水门。陆氏《邺中记》云:水所溉之处,名曰堰陵泽。故左思《魏都赋》谓:墱流十二,同源异口者也。

在郦道元心目中,像西门豹和史起等人物,都是值得尊敬的榜样。因为他们正确处理人与水的关系,把漳水的水害转为水利。对于人与水的关系,郦道元当然是充分而全面地理解的。"万物无所不润"的水体,在某种情况下也可能使人望而生畏,这就是水灾。在全部《水经注》中,郦氏记录了许多水灾。其中有年代和灾情可查的重大水灾,从周定王五年(前602)到北魏太和四年(480),一共记载了十九次,其中有的水灾规模极大,如卷十五《伊水注》记载的三国魏黄初四年(223)六月二十四日洪水:"大水出,举高四丈五尺。"卷十六《榖水注》记载的前凉太始七年(361)六月二十三日洪水:"大水迸暴,出常流上三丈。"西汉元封二年(前 109)黄河和瓠子河的水灾,连汉武帝也亲临现场,忧心忡忡,束手无策,卷二十四《瓠子河》经"瓠子河出东郡濮阳县北河"注云:

> 上自万里沙还,临决河,沈白马玉璧,令郡臣将军以下皆负薪填决河。上悼功之不成,乃作歌曰:瓠子决兮将奈何?浩浩洋洋虑殚为河。殚为河兮地不宁,功无已时兮吾山平,吾山平兮钜野溢,鱼沸郁兮柏冬日,正道弛兮离常流,蛟龙骋兮放远游,归旧川兮神哉沛,不封禅兮安知外,皇谓河公兮何不仁,泛滥不止兮愁吾人。

除了上述河川决口,洪水泛滥的灾害以外,《水经注》中还记载了许多在战争中以水代兵的事件。如卷二十八《沔水》经"又南过宜城县东,夷水出自房陵,东流注之"注中记载的战国白起引西山长谷水攻楚之战:"水溃城东北角,百姓随水流,死于城东者数十万,城东皆臭。"卷三十一《滍水注》记载的东汉初年昆阳之战:"会大雨如注,滍川盛溢,虎豹皆股战,士卒争赴,溺死者以万数,水为不流。"卷三十二《梓潼水》经"又西南至小广魏南,入于垫江"注中记载的岑彭与公孙述沈水之战:"大破岑军,斩首溺水者万余人,水为浊流。"所以郦道元在卷六《浍水》经"浍水出河东绛县东浍交东高山"注中引《史记》所载智伯的话,说明水在某种情况下的可怕和危害程度:

> 《史记》称,智伯率韩、魏引水灌晋阳,不没者三版。智氏曰:吾始不知水可以亡人国,今乃知之,汾水可以浸安邑,晋水可以浸平阳。

从这些注文中可以看到,郦道元对于人与水的关系,是经过全面和深入研究的。"万物无所不润",还有赖于人们如何正确和有效的利用。而"浮天载地,高下无所不至"的话,郦氏也懂得其中有极大的地区差别。有些地区,如他在卷二十九《沔水》经"又东至会稽余姚县,东入于海"注中所说:"东南地卑,万流所凑,涛湖泛决,触地成川。"但也有些地区,河湖非常缺乏。在全书之中,凡是缺乏地表水的地方,郦氏就转移其注意力于地下水,泉水、井水,都是他记载的重要内容。全书记载的泉水(包括温泉)达二百四十处左右,而井水的记载,往往注意到井的深度，例如卷十九《渭水》经“又东过华阴县北”注中记载的长城以北平原上的井：“长城北有平原，广数百里，民井汲巢居，井深五十尺。”又如卷二十五《泗水》经“西南过鲁县北”注中记载的曲阜武子台附近的大井：“台西百步有大井，广三丈，深十余丈。”像这类井所在的地区，都是地下水位很低的地区。郦道元十分清楚，在人与水的关系中，井水在某种情况下可能是生命攸关的。卷五《河水》经“其一源出于阗国南山，北流与葱岭所出河合，又东注蒲昌海”注中所记载的疏勒城凿井的故事即是其例：

> 汉永平十八年，耿恭以戊巳校尉，为匈奴左鹿蠡王所逼，恭以此城测涧旁水，自金浦迁居此城。匈奴又来攻之，壅涧绝水。恭于成中穿井，深一十五丈，不得水，吏士渴乏，笮马粪汁饮之。

在疏勒城这种地下水位极低的沙漠地带，深凿到十五丈尚未得水，结果官兵只有饮马粪汁，其狼狈可见。在郦道元所在的北魏，也有这方面的例子。卷五《河水》经“又东过成皋县北，济水从北来注之”注中，记载了北魏进攻虎牢城（位于今河南省郑州市西北黄河南岸）的故事：

> 魏攻北司州刺史毛祖德于虎牢，战经二百日，不克。城惟一井，井深四十丈，山势峻峭，不容防捍，潜作地道取井。余顷因公至彼，故往寻之，其穴处犹存。

这里所说的“潜作地道取井”，据《通鉴》卷一一九，营阳王景平元年所记："魏人作地道以泄虎牢城中井。"说明北魏利用地形，在这深达四十丈的井底部挖一地道，使井水泄干，以断城内唯一水源。毛祖德坚守虎牢城达二百日，最后却因合城所赖的唯一深井被北魏所泄，终至城破兵溃。《宋书·索虏传》还记载了井水泄干后，守城官兵的渴乏之状：

二十一日，虏作地道偷城内井，井深四十丈，山势峻峭，不可得防，至期二十三日，人马渴乏饥疫，体皆干燥，被创者不复出血，虏因急攻，遂克虎牢。

虎牢城之战发生于北魏泰常八年(423)，距郦道元之时不及百年，郦氏借公事之便，亲自去看了北魏当年所掘的地道，"穴处犹存"。井水在战争中具有生死攸关的意义，郦道元对此当然是铭记在心的。

在历史上，不管是兴修水利或抗拒水灾，有时都要付出极大的代价，对于这一点，郦道元显然是了如指掌的。他在注文中写入的有关这方面的记载，有时颇具传奇色彩，例如卷二《河水》经"其一源出于阗国南山，北流与葱岭所出河合，又东注蒲昌海"注中的一个故事：

敦煌索劢，字彦义，有才略，刺史毛奕表行贰师将军，将酒泉、敦煌兵千人，至楼兰屯田。起白屋，召鄯善、焉耆、龟兹三国兵各千，横断注滨河，河断之日，水奋势激，波陵冒堤。劢厉声曰：王尊建节，河堤不溢，王霸精诚，呼沱不流，水德神明，古今一也。劢躬祷祀，水犹未减，乃列阵被杖，鼓噪讙叫，且刺且射，大战三日，水乃回减。灌浸沃衍，胡人称神。大田三年，积粟百万，威服外国。

在这个故事中提到的“王尊建节，河堤不溢”的事，在卷五《河水》经“又东北过卫县南，又东北过濮阳县北，瓠子河出焉”注中，有详细的叙述：

> 粤在汉世，河决金堤，涿郡王尊，自徐州刺史迁东郡太守，河水盛溢，泛浸瓠子，金堤决坏，尊躬率民吏，投沈白马，祈水神河伯，亲执圭璧，请身填堤，庐居其上，民吏皆走，尊立不动，而水波齐足而至，公私壮其勇节。

在上述两段注文中，索劢的“列阵被杖，鼓噪讙叫，且刺且射，大战三日”，王尊的“请身填堤，庐居其上”，看去都是传奇故事，但其实都是带头治水的人所使用的一种方法，目的是为了鼓舞众人的士气，以达到治平洪水的目的。不管是索劢也好，王尊也好，他们除了注文中的传奇举动外，必然都还有一套修治水利的具体方法，只是没有记载罢了。假使没有兴修水利，则“大田三年，积粟百万”的事又将如何理解？两个故事中的核心人物索劢和王尊，他们的真正可贵之处，在于他们懂得人与水的正确关系。他们有信心，洪水是可以被制服的，至于他们所使用的这种传奇式的方法，在科学知识落后的古代，有时也能起很大的作用。我国历史上以后修治水利的领导人物，也有模仿这种方法的。五代十国时代，吴越王钱镠射潮的故事，就是很典型的例子。

钱镠在后梁开平四年(910)八月,因为钱塘江涌潮逼近杭州城垣,命强弩手射潮,以压制涌潮的波涛。首先记载此事的北宋孙光宪的《北梦琐言》,说奉命射潮的有"精卒万人",但稍晚的《吴越备史·铁箭考》,说"募强弩五百人"。钱塘江边地狭,万人是站不下的,当以《吴越备史》的记载较为可靠。射潮的事,或许不是假的,用强弩手去和钱塘江怒潮作战,这正和索励"且刺且射,大战三日"一样,这是钱镠兴修水利的一种方法。真正能够捍卫杭州城垣的,是他当时正在积极从事的海塘的修筑。《通鉴》卷二六七《后梁纪》二太祖开平四年(910)所记:"吴越王镠修筑捍海石塘。"胡三省注:"今杭州城外滨浙江皆有石塘,上起六和塔,下抵艮山门外,皆钱氏所筑。"钱塘江怒潮,其实是用"捍海石塘"挡住的。不过在那个时代,在筑塘的同时,用几百个强弩手向滚滚怒潮猛射一通,能够起到激励人心,鼓舞士气的作用。特别是对于那些正在施工筑塘的工人,这一措施大大有助于增强他们的工作信心。

清代学者凌扬藻曾经批评郦道元"但嗜奇博,读者眩焉"[①]。《水经注》记载中或许确实存在这种倾向,这里暂且不论。但像索励和王尊一类的故事,不能认为郦氏追求"奇博"。因为郦道元是一个充分理解人与水的关系的人,他一定懂得索励和王尊使用这种方法的目的。在古代,他把这类传奇故事收入他的著作之中,并非没有作用,因为后来的治水者仍然需要效法,钱镠就是一个例子。

我们说郦道元是一个充分理解人与水的关系的人,除了上面叙述的以外,还可以举出他在这个问题上的一句名言,这

① 《蠡勺编》卷二十一。

句名言不仅说明了他对人与水的关系的正确认识，同时也是他对人和自然界的关系的正确认识，是一种人定胜天的思想，代表了他的自然观和世界观的一个方面。这句名言在卷十二《巨马水》经“又东南过容城县北”注中：

> （巨马水）又东，督亢沟水注之，水上承涞水于涞谷，引之则长津委注，遏之则微川辍流。水德含和，变通在我。

一部《水经注》，记载了多少人与水的关系！“水德含和，变通在我。”这是郦道元在这个问题上的总结。

二、不信鬼神

在《水经注》的记载中，有许许多多涉及鬼神的故事，也有情节十分荒诞的。郦道元引用这些鬼神故事，如前面提及的《淮水注》：“寻而梦上天，天帝怒曰：何敢败我濯龙渊？”其实是为了用这类鬼神故事达到他在某些问题上要表达的目的。当然，在另外一些场合，也可能是为了增加注文的故事性和趣味性。而其实，他不仅不信鬼神，而且凡是遇着以鬼神故事混淆重要的事实时，他往往要通过深入的研究和考证，澄清荒诞的鬼神故事，揭露事物的真相。这中间，被他辨明的关于铜翁仲的传说即是其中之一。

卷四《河水》经“又东过陕县北”注中，有一个关于铜翁仲没入黄河中的故事，注云：

河南，即陕城也，昔周召分伯，以此城为东、西之别，东城即虢邑之上阳也，虢仲之所都，为南虢，三虢，此其一焉。其大城中有小城，故焦国也，武王以封神农之后于此。王莽更名黄眉矣。戴延之云：城南倚山原，北临黄河，悬水百余仞，临之者咸悚惕焉。西北带河，水涌起方数十丈，有物居水中，父老云，铜翁仲所没处。又云，石虎载经于此沈没，二物并存，水所以涌，所未详也。或云，翁仲头髻常出，水之涨减，恒与水齐，晋军当至，髻不复出，今惟见水异耳，嗟嗟有声，声闻数里。

这里，注文所述的铜翁仲，即是《史记·秦始皇本纪》中记载的："收天下兵，聚之咸阳，销以为钟，鐻金人十二，各重千石，置廷宫中。"《正义》引《汉书·五行志》："时大人见临洮长五丈，足履六尺，皆夷狄服，凡十二人。故销兵器，铸而象之，所谓金狄也。"此事，卷四《河水注》所记，比《史记》和《正义》更为详细：

按秦始皇二十六年，长狄十二见于临洮，长五丈余，以为善祥，铸金人十二以象之，各重二十四万斤，坐之宫门之前，谓之金狄，皆铭其胸云：皇帝二十六年，初兼天下，以为郡县，正法律，同度量，大人来见临洮，身长五尺，足六尺，李斯书也。故卫恒《叙篆》曰：秦之李斯，号为工篆，诸山碑及铜人铭，皆斯书也。汉自阿房徙之未央宫前，俗谓之翁仲矣。地皇二年，王莽梦铜人泣，恶之，念铜人铭有皇帝初兼天下文，使尚方工镌灭所梦铜人膺文。后董卓毁其九为钱。其在者三，魏明帝欲徙之洛阳，重不可胜，至霸水西停之。《汉晋春秋》曰：或言金狄泣，故留之，石虎取置邺宫，苻坚又徙之长安，毁二为钱，其一未至而苻坚乱，百姓推置陕北河中，于是金狄灭。

以上记载的，除了秦始皇在咸阳铸十二金人见于正史外，其余大多是牵强附会的传说。“石虎取置邺宫，苻坚又徙之长安”。每个金人据记载重达一百多吨，从长安到邺宫一千多里，即使用今天的交通工具运输，也有极大困难，何况古代。这个传说最后又归结到黄河急流，由于有铜翁仲落入此处河中，而使这里“水涌起方数十丈”，而且“嗟嗟有声，声闻数里”。说得有声有色。

但是郦道元显然绝不妄信这种无稽之谈。他虽然搜罗这些传说把它们写入注文，但其实他是胸有成竹的。他写入这些牵强附会的材料，或许正是因为他对此已经作了深入的考证研究，有了他自己的结论。他说：

余以为鸿河巨渎，故应不为细梗蹍湍；长津硕浪，无宜以微物屯流。斯水之所以涛波者，盖《史记》所云，魏文侯二十六年，虢山崩，壅河所致耳。

郦道元所引的数据见于《史记·魏世家》：“（魏文侯）二十六年，虢山崩，雍河。”《正义》引《括地志》云：“虢山在陕州陕县西二里，临黄河，今临河有冈阜，似是颓山之余也。”郦道元的说法，显然是信而有征的。但戴延之（《西征记》撰者）却只凭道听途说，连《史记》这样的权威著作都未曾查阅一下，宜有此误。当然，在古代这个充满牛鬼蛇神的传奇故事的社会里，戴延之记下了这种荒谬传说并不足怪，因为在当时，像郦道元这样具有科学思想而又愿意寻根究底的人，毕竟是少数。

铜翁仲的事情发生在黄河，不仅历史上有权威的文献可以查考，而且郦道元也能亲自到那里考察，要获得正确的结论，还不是十分困难。而对于那些文献缺乏，又是他足迹所不能到达的地区，对于那些地区所流行的神怪故事，郦道元也同样抱怀疑的态度。钱塘江的涌潮所引起的潮神的故事即是其例。卷四十《渐江水》经"北过余杭，东入于海"注云：

> 县东有定、包诸山，皆西临浙江。水流于两山之间，江川急浚兼涛，水昼夜再来，来应时刻，常以月晦及望尤大，至二月、八月最高，峨峨二丈有余。《吴越春秋》以为子胥、文种之神也。昔子胥亮于吴，而浮尸于江，吴人怜之，立祠于江上，名曰胥山。《吴录》云：胥山在太湖边，去江不百里，故曰江上。文种诚于越，而伏剑于山阴，越人哀之，葬于重山，文种既葬一年，子胥从海上负种俱去，游夫江海，故潮水前扬波者，伍子胥；后重水者，大夫种。是以枚乘曰：涛无记焉。然海水上潮，江水逆流，似神而非，于是处焉。

涌潮是一种特殊的自然现象，郦道元身居内陆，从未看到过这种自然现象。但在上述注文中引及了枚乘，即枚乘所撰《七发·观涛》。在这篇文章里，把海涛(即涌潮)描写得骇人听闻。在没有科学知识的古代，看到这种情景，当然不免要涉及荒诞。对于这样一种“海水上潮,江水逆流”的奇异现象,郦道元当然也无法作出科学的解释,但是他绝不相信《吴越春秋》所谓伍子胥、文种之说,而是简单地说出他的看法:“似神而非。”“似神而非”,意思就是说,事情确实神奇,但并不是伍子胥和文种所引起。由于他没有目击过这种现象,也找不到记载这种现象的可靠文献,所以他无法像批判铜翁仲那样说出一番道理。但对于伍子胥和文种与这种自然现象的关系,他显然是不屑议论的。所以就简单地用“似神而非”四字结束这个荒诞的故事。

有人认为郦道元之所以不信伍子胥和文种与涌潮的关系,是受了王充《论衡》的影响。因为《论衡·书虚篇》中有一段有关这个问题的话:

> 传书言,吴王夫差杀伍子胥,煮之于镬,乃以鸱夷橐投之于江。子胥恚恨,驱水为涛,以溺杀人。今时会稽、丹徒大江,钱唐浙江,皆立子胥之庙,盖欲以慰其恨心,止其猛涛也。夫言吴王杀子胥,投之于江,实也;言其恨恚,驱水为涛者,虚也。

《书虚篇》中在上述文字以后,还有一大段约九百字的文章,用以证明子胥恚恨而为涛的无稽。在全部郦注中,卷五《河水》经“又东过平县北,湛水从北来注之”注中,曾引及《论衡》一次。说明郦道元确实是读过《论衡》的。不过在《渐江水注》中,他没有引及《论衡》的话,可能是因为他认为涌潮无关乎子胥、文种,这是理所当然,用不着引述《论衡》;也可能是他认为《论衡》虽然驳斥了涌潮与子胥、文种的关系。但毕竟没有讲出涌潮的道理，所以他无须引用。因此，他在《浙江水注》对涌潮所作“似神而非”的结论，是否受到《论衡》的影响，这里无法肯定。王充的不信鬼神在《论衡》中表达得十分清楚。《论死篇》说：“死而精气灭。”《订鬼篇》则说：“凡天地之间有鬼，非人死精神为之也，皆人思念存想之所致也。”王充现在被普遍认为是一位唯物主义哲学家。对于郦道元，我不必牵扯这类称号，也不必动用“无神论”之类的哲学名词，但是在不信鬼神这一点上，他和王充是相似的。当然，《论衡》与《水经注》是性质截然不同的两种著作，在表达不信鬼神的方式上显然不同，前者都用王充自己作为第一人称表达意见。《论衡》引用了许多古人古书，但却很少写出具体的书名，往往用“传书言”三个字表达。但《水经注》却不同，它所引用的大量书籍，都写出书名甚至作者姓名。与王充习惯用第一人称表达自己的意见迥异，郦道元常常借古人古书表达自己的意见。例如卷十九《渭水》经“又东过霸陵县北，霸水从西北流注之”注云：

《汉武帝故事》曰：（汉武）帝崩后见形，谓陵令薛平曰：吾虽失势，犹为汝君，奈何令吏卒上吾陵磨刀剑乎？自今以后，可禁之。平顿首谢，因不见。推问陵旁，果有方石，可以为砺，吏卒常盗磨刀剑。霍光欲斩之，张安世曰：神道茫昧，不宜为法，乃止。

这里，“神道茫昧，不宜为法”这句话，虽然是从《汉武帝故事》中引及的张安世所说的话，但郦道元却以此表达了他自己的意见。

三、鞭挞厚葬

在古代,与鬼神信奉有密切关系的另一事物是厚葬。人类历史上,在这方面登峰造极的当然是古代埃及的法老,金字塔和木乃伊,都是最生动的见证。在中国,第一位可以与法老相当的大概就是秦始皇。《史记·秦始皇本纪》有“遣徐市(《正义》引《括地志》作徐福)发童男女数千人入海求仙人”的记载,这其实与他的大建陵墓是同一事物的两面。

卷十九《渭水》经“又东过霸陵县北,霸水从县西北流注之”注云:

> 渭水右迳新丰县故城北,东与鱼池水会,水出丽山东北,本导源北流,后秦始皇葬于山北,水过而曲行,东注北转,始皇造陵,取土其地,汙深水积成池,谓之鱼池也。在秦皇陵东北五里,周围四里,池水西北流,迳始皇冢北。秦始皇大兴厚葬,营建冢圹于丽戎之山,一名蓝田,其阴多金,其阳多玉,始皇贪其美名,因而葬焉。斩山凿石,下锢三泉,以铜为椁,旁行周回三十余里,上画天文星宿之象,下以水银为四渎、百川、五岳、九州,具地理之势。宫观百官,奇器珍宝,充满其中。令匠作机弩,有所穿近,辄射之。以人鱼膏为灯烛,取其不灭者久之。后宫无子者,皆使殉葬甚众。坟高五丈,周回五里余,作者七十万人,积年方成。而周章百万之师,已至其下,乃使章邯领作者以御难,弗能禁。项羽入关,发之,以三十万人三十日

运物不能穷。关东盗贼，销椁取铜，牧人寻羊烧之，火延九十日不能灭。

在这段注文中，郦道元并不以第一人称对秦始皇作什么指责，但事实上却是对这个大暴君及其厚葬作了最无情的鞭挞。他首先指出了“秦始皇大兴厚葬”。然后描述了这座陵墓的巨大工程和规模，谴责了“后宫无子者，皆使殉葬甚众”的残酷制度，揭露了“作者七十万人，积年方成”的惊人耗费。最后以“周章百万之师，已至其下”一段，写尽了这座陵墓的下场，而这一段的最后几句：“以三十万人，三十日运物不能穷，关东盗贼，销椁取铜，牧人寻羊烧之，火延九十日不能灭。”这是对厚葬制度怒斥以后的嘲笑。

在同卷同条经文下，还有另一处罪恶滔天的汉成帝昌陵，注文说：

汉成帝建始二年，造延陵为初陵，以为非吉，于霸曲亭南更营之。鸿嘉元年，于新丰戏乡为昌陵县，以奉初陵。永始元年，诏以昌陵卑下，客土疏恶，不可为万岁居，其罢陵作，令吏民返，故徙将作大匠解万年燉煌。《关中记》曰：昌陵在霸城东二十里，取土东山，与粟同价，所费巨万，积年无成。

在这段注文中，郦道元引用了《关中记》的话来鞭挞这座没有造成的陵墓，即“取土东山，与粟同价，所费巨万，积年无成”。郦道元同样没有以第一人称说过一句什么话，但实际上他对这种罪恶的厚葬制度，不仅作了无情的鞭挞，而且进行了沉痛的控诉。

卷二十二《洧水》经“洧水出河南密县西南马领山”注中描述的一座坟墓，墓主无非是一个郡守，但墓的气派却非同小可，注云：

> (绥水)东南流，迳汉弘农太守张伯雅墓，茔域四周，垒石为垣，隅阿相降，列于绥水之阴，庚门表二石阙，夹封石兽于阙下。冢前有石庙，列植三碑，碑云：德字伯雅，河南密人也。碑侧树两石人，有数石柱及诸石兽矣。旧引绥水南入茔域，而为池沼。沼在丑地，皆蟾蜍吐水，石隍承溜池之南，又建石楼、石庙，前又翼列诸兽。但物谢时沦，凋毁殆尽，夫富而非义，比之浮云，况复此乎？王孙、士安，斯为达矣。

张伯雅从墓碑上仅知其名叫张德，是个名不见经传的小人物，为官也不过州郡，却造得起如此规模的大坟墓。郦道元把这座坟墓描述得如此详细，显然是有用意的，是为了更有力地揭露这个为官不仁而死求排场的匹夫，“富而非义，比之浮云，况复此乎？”说尽了古往今来的无耻厚葬者的结局。而他所表扬的杨王孙和皇甫谧(士安)，正是提倡薄葬的典范。

《汉书·杨王孙传》：“及病且终，令其子曰：吾欲赢葬，以反吾真。……夫厚葬诚无益于死者，而俗人竞以相高，靡财单币，腐之地下。”《晋书·皇甫谧传》：“今生不得保七尺躯，死何故隔一棺之土？……故桓司马石椁不如速朽，季孙玙璠比之暴骸；文公厚葬，《春秋》以为华元不臣；杨王孙亲土，《汉书》以为贤于秦始皇。”

这一次，郦道元以第一人称斥责了这个“富而非义”的厚葬者，并且通过对杨王孙和皇甫谧的表扬表达了他提倡薄葬的意见。

在历史上，许多帝王将相大张旗鼓地厚葬，但也有些自以为更聪明的人，则是悄悄地厚葬。卷二十九《湍水》经“湍水出郦县北芬山，南流过其县东，又南过冠军县东”注中的张詹墓，就是这样的一个例子。注云：

> 水西有汉太尉长史邑人张敏碑，碑之西有魏征南军司张詹墓。墓有碑，碑背刊云：白楸之棺，易朽之裳，铜铁不入，丹器不藏，嗟矣后人，幸勿我伤。自后古坟旧冢，莫不夷毁，而是墓至元嘉初尚不见发。六年大水，蛮饥，始被发掘。说者言：初开，金银铜锡之器，朱漆雕刻之饰烂然，有二朱漆棺，棺前垂竹簾，隐以金钉。墓不甚高，而内极宽大。虚设白楸之言，空负黄金之实，虽意锢南山，宁同寿乎？

这段注文的最后四句，也是郦道元自己说的话，是他对这个不老实的厚葬者的揭发和揶揄。从这几句话中，我们可以看到郦道元对这种厚葬制度从内心发出来的厌恶与愤怒。

四、反对战争

郦道元出生在一个南北分裂，战争频仍的时代，他自己毕生戎马，身为文官而奉命征战。但是他绝对不是一个好战的人。

在年轻时代，郦道元确实憧憬过战争，他随侍拓跋宏巡视北方六镇，这是北魏的武力遏制外族入侵的北部边疆。特别是当首都南迁，拓跋宏统率大军南下之时，他无疑是期待着在一场与南朝的浴血战争中大显身手。按《北史·郦道元传》的记载，他一生中直接参与的战争有两次，一次是前面已经叙述的，孝昌元年受朝廷的紧急命令讨伐元法僧之战，结果是取得“多所斩获”的胜利。郦道元直接参与的另一次战争，也就是他在阴盘驿亭受害的一次。据《北史·郦道元传》：“时雍州刺史萧宝夤反状稍露，侍中城阳王徽，素忌道元，因讽朝廷遣为关右大使。宝夤虑道元图己，遣其行台郎中郭子帙，围道元于阴盘驿亭。亭在冈上，常食冈下之井，既被围，穿井十余丈不得水，水尽力屈，贼遂逾墙而入，道元与弟道峻、二子俱被害。”郦道元在这一次遭遇战中被围绝水，终至被害，当然不能归咎于他指挥战争的错误，因为他以关右大使身份深入雍州，随身所带的侍卫部队一定不多，在寡不敌众的情况下，占据一个制高点，当然是一种利于坚守的措施。可惜他的军力薄弱，不可能把冈下的水井固守在内，而在这个地下水位很低的西北地区，在冈上又无法穿井得水。其实，对于水源的重要性，特别是井在战争中的生死攸关的价值，郦道元是十分清楚的。在《水经注》卷二《河水》、卷五《河水》等篇中，郦氏对井与战争的关系作过生动的描述，并且还亲自去察看了虎牢城的现场。因此，他在阴盘驿亭的失败，决不是他部署和指挥的过失，这是非常显然的。

以上对郦道元直接参与的两次战争的叙述，并不是为了想论证郦氏有什么军事天才，或者是个沙场名将。而是为了说明，在郦氏那个时代，全国处于分裂和扰攘的环境之中，战争是一件习以为常的事。《北史·郦道元传》所说的“道元素有威猛之称”,《魏书·郦道元传》所说的“威猛为治”,除了前面指出的乱世用重典的吏治思想以外,战争环境或许也促成了他的这种性格。正因如此,在他所撰的《水经注》中,除了以大量篇幅记述河川山岳,描述祖国的美丽自然风景外,同样也有很大的篇幅,记载历代出现的战争。在全部注文中,这两种内容实在是非常矛盾的,一处写的是青山绿水,奇峰怪石,千姿百态,景色宜人;另一边写的却是烽火狼烟,刀光剑影,杀人盈万,血流丹川。历来的郦学家,考据学派潜心于分别经注,考证字句;词章学派流连于囚捉幽异,掬弄光彩;地理学派着意于沿革递变,城邑兴废。他们没有人注意到《水经注》内容中的这种和谐的自然之美和残酷的兵灾战祸的尖锐对比。把这样两种毫不协调的内容糅合在一卷一篇甚至同一条经文之下,这或许就是郦道元本人从思想抱负到文学艺术的不同凡响之处。

历史上有一类靠战争起家,对战争具有嗜好的人,这类人唯恐天下不乱,他们把自己的身价地位,建筑在破坏社会的安宁和对他人的掠夺之上,他们沉湎于权力和物欲,当然无法理解祖国河山的锦绣多姿和大自然的艳丽可爱。这类人在战争中飞黄腾达,但他们中的多数最后都在战争中毁灭。历史上又有另一类人,他们钟情于祖国的秀丽河山,对大自然充满热爱,但是在战祸连绵,举国扰攘的时代里,他们无法面对现实,也没有能力适应那个冷酷的时代,他们中的一些人遁迹山林,与世隔绝,另一些人则疾世佯狂,潦倒一生。

但郦道元在这方面显然具有他与众不同的特质,他绝对不是上面所说的前一类人,下面将会说明,他十分憎恶战争;

他当然也完全不是后一类人，因为他实际上戎马一生，并不害怕战争。他年轻时代确实憧憬于一场和南朝之间的血战，这是事实。他所寄希望于这场战争的，是通过这场战争，结束二百年来南北分裂的局面，从而出现一个版图广大，势力强盛的大一统的中国，实现他毕生的抱负和理想。他所直接参与的两次战争，都属于临危授命，是他所不得不接受的。其中最后这一次关右大使任上的深入腹地众寡悬殊之战，使他终于和这个时代的许多官民一样，在战争中遭到毁灭。他青年时代希冀于元魏的强盛，以收取南齐版图，完成一统。而最后竟死于一个叛逃的南齐王族萧宝夤之手，真是一个历史的悲剧。

现在再来看看《水经注》中对于历史上的战争的记载，从而可以略知郦道元对于战争的态度。前面已指出此书有大量篇幅记载战争，全书四十卷，除了卷一《河水》外，各卷都有有关战争的记载。除了传说中的黄帝与蚩尤战争于涿鹿之野，尧的丹水之战以及汤伐桀、武王伐纣等战争，不能确定具体年份外，从秦庄公元年(前 821)到梁武帝天监四年(505)的一千三百多年之间，《水经注》记载有战争的年份共达三百四十一年。由于有的年份发生几次战争，加上不同卷篇中重复记载的某一次战争，因此，在这三百四十一年中，注文记及的战争共达五百八十七条。其中年份清楚的有二百四十三条，另外三百四十四条，注文虽未明确写出事情发生的年份，但由于叙事有据，我从诸如《春秋》、《左传》、《竹书纪年》、《通鉴》以及正史的有关帝纪和列传等资料中查定年份。我曾就郦注记载的战争，编成了一个《水经注军事年表》。①

① 《郦学新论——水经注研究之三》，山西人民出版社，1992 年版。

《水经注》记载了北魏以前的几乎所有著名的战争，如秦、赵的长平之战（卷九《清水注》、《沁水注》），袁绍与曹操的官渡之战（卷五《河水注》、卷二十二《渠注》），曹操与孙权、刘备的赤壁之战（卷三十五《江水注》），孙权与张辽的逍遥津之战（卷三十二《施水注》），前秦苻坚与东晋谢玄的淝水之战（卷三十二《肥水注》）等等，注文称得上详细完备。

《水经注》记载历代战争，除了史书上著名的战争以外，还有两类为郦氏所重视的战争。一类是战争此起彼伏，持续年代甚久的，这类战争对于国计民生的损伤严重，所以引起他的注意。在《水经注》记载的几百年战争过程中，持续时间达五年以上的有六次之多，其中持续时间最长的一次竟达十五年之久，情况如下表所列：

公历纪元	中国纪元	持续年数
前 618—前 614 年	周顷王元年—四年	5
前 565—前 561 年	周灵王七年—十一年	5
前 209—前 202 年	秦二世元年—汉高祖五年	8
公元 22—29 年	王莽地皇三年—汉光武帝建武五年	8
32—36 年	汉光武帝建武八年—十二年	5
187—201 年	汉灵帝中平四年—汉献帝建安六年	15

郦道元所特别重视的另一类战争是规模极大，杀伤极众的战争。其中杀伤盈万的恶战，他往往用许多篇幅，详细地记载战争过程和杀伤情况。如魏襄王十二年（前 307），“秦武王以甘茂为左丞相，……茂请约魏以攻韩，斩首六万”（卷十五《洛水注》），楚襄王元年（前 298），“秦出武关，斩众五万”（卷二十《丹水注》），秦昭襄王二十八年（前 279），“白起攻楚，引

西山长谷水，……百姓随水流，死于城东者数十万，城东皆臭”（卷二八《沔水注》），秦昭襄王三十三年（前 274），“白起攻魏，拔华阳，走芒卯，斩首十五万”（卷二二《洧水注》），秦昭襄王四十七年（前 260），“秦使左庶长王龁攻韩，取上党，上党民走赵，赵军长平，使廉颇为将，后遣马服君之子赵括代之，秦密使武安君白起攻之，括四十万众降起，起坑之于此”（卷九《沁水注》），赵王迁元年（前 235），“秦破赵将扈辄于武隧，斩首十万”（卷十《浊漳水注》）。王莽初始元年（公元 8 年），“东郡太守翟义兴兵讨莽，莽遣奋威将军孙建击之于圉北，义师大败，积尸数万，血流溢道”（卷二二《渠注》），淮阳王更始元年（36），“岑彭与臧宫，自江州从涪水上，公孙述令延岑盛兵于沈水，宫左步右骑，夹船而进，势动山谷，大破岑军，斩首溺水者万余人，水为浊流”（卷三二《梓潼水注》），汉献帝初平二年（191），“黄巾三十万人入渤海，公孙瓒破之于东光界，追奔是水，斩首三万，血流丹水”（卷九《淇水注》）。从上述这类造成大量杀伤和流血的战争中，谁都会对战争的残酷性深恶痛绝。

郦道元的确是通过对这类兵燹连年、血腥遍野的残酷战争的描述来表达他对于战争的憎恶的。例如卷二十二《渠》经“又东南迳汝南新阳县北”注中，他记载了一次疯狂的大屠杀：

> 《晋阳秋》称，晋太傅东海王越之东奔也，石勒追之，焚尸于此。数十万众敛手受害，勒纵骑围射，尸积如山。

对于这种骇人听闻的战争和杀戮，郦道元除了照录事实外,却一言不发。其实,这是表达了他的一种欲诉无言,欲哭无泪的沉痛心情。因为在另外某些残酷的战争和屠杀中,郦道元有时也忍不住抨击,但是他语言虽然深刻,却很简单。例如卷五《河水》经“又东北过高唐县东”注中对于袁绍的抨击:

(漯)水自城东北迳东武县故城南,……臧洪为东郡太守,治此。曹操围张超于雍丘,洪以情义,请袁绍救之,不许,洪与绍绝。绍围洪,城中无食,洪呼吏士曰:洪于大义,不得不死,诸君无事,空与此祸。众泣曰:何忍舍明府也。男女八千余人,相枕而死。洪不屈,绍杀洪。邑人陈容为丞,谓曰:宁与臧洪同日死,不与将军同日生。绍又杀之,士为叹伤。

卷二十五《泗水》经“又东南过下邳县西”注中,他又抨击了曹操的残暴:

初平四年,曹操攻徐州,拔取虑、睢陵、夏丘等县。以其父避难被害于此,屠其男女十万,泗水为之不流,自是数县人无行迹,亦为暴矣。

卷三十四《江水》经“又东过江陵县南”注中,他也抨击了杜预:

杜元凯之攻江陵也,人以瓠系狗颈示之,元凯病瘿故也。及城陷,杀城中老小,血流沾足,论者以此薄之。

在上述几条注文中，郦道元用“士为叹伤”，“亦为暴矣”，“论者以此薄之”等简单却又沉重的语言，抨击了这类残酷的战争和屠杀。从这里可以窥及，郦道元虽然毕生戎马，生长在一个战祸频仍的时代，虽然也直接参加和指挥过战争，但是他实际上是反对战争的，特别是那种滥肆杀戮，殃及无辜的战争。

五、疾恶扬善

《水经注》当然是一部地理书，但书中述事论人的内容很多。前面已经提到郦道元常常借引用他人他书来表达自己的思想，但是由于全书的篇幅甚大，当然也有不少以第一人称说话的。不管是借古人古书发挥，还是他自己表达意见，都有一个明显的基本立场，这就是疾恶扬善。

《水经注》作为一部河流水道的专著，一定要涉及大量与水利有关的事和人。正如前面所指出的，郦道元歌颂了许多水利工程如郑渠、都安大堰、车箱渠、天井堰、芍陂、六门陂、长湖等等，也赞扬这些水利工程的主持人如郑国、李冰、刘靖、西门豹、邓晨等等，而像翟子威这类破坏水利的人，当然是他所诅咒的。不过值得指出的是，从郦道元分辨善恶的标准上，可以看出他所受儒家教育的深刻影响。例如对兴修水利这件事，他论人论事，并不以水利工程的成败为唯一标准。《春秋繁露》所谓：“仁人者正其道不谋其利，修其理不急其功。”看来他对此是服膺不失的。卷六《汾水》经“汾水出太原汾阳县北管涔山”注中，有一个很好的例子，注云：

> 汉永平中，治呼沱、石臼河。按司马彪《郡国志》，常山南行唐县有石臼谷，盖资承呼沱之水，转山东之漕，自都虑至羊肠仓，将凭汾水以漕太原，用实秦、晋。苦役连年，转运所经，凡三百八十九隘，死者无算。拜邓训为谒者，监护水功。训隐括知其难，立具言肃宗，肃宗从之，全活数千人，和熹邓后之立，叔父陔以为积善所致也。

这里说明的是汾水与呼沱河之间的一条运河，开凿这一条运河，羊肠仓的积谷就便于外运，特别是太原这些大城市可通漕运。但是由于地形的崎岖，工程十分困难，以致苦役连年，死者无算。最后由邓训奏停了这个工程。工程没有成功，但"全活数千人"。郦道元在《水经注》中曾以很大的篇幅赞赏各种水利工程。也包括运河开凿工程，即使是非常艰难的工程，例如卷二十《漾水》经"漾水出陇西氐道县嶓冢山，东至武都沮县为汉水"注中的两当溪疏凿工程。注云：

> 故道水南入东益州之广业郡，与沮水枝津合，谓之两当溪水。水上承武都沮县之沮水渎，西南流，注于两当溪。虞诩为郡，漕谷布在沮，从沮县至下辨，山道险绝，水中多石，舟车不通，驴马负运，僦五致一。诩乃于沮受僦，直约自致之，即将吏民按行，皆烧石椾木，开漕船道，水运通利，岁省万计，以其僦廪与吏士，年四十余万也。

"烧石椾木，开漕船道"，其工程不可谓不难，但郦道元还是赞美了虞诩和他的艰巨工程:"以其僦廪与吏士,年四十余万也。"而上述呼沱河与汾水之间的运河工程,因邓训奏准肃宗而中止,郦道元却借邓陔之口,赞扬了邓训的"积善"。由此可知,郦道元述事论人,是非善恶,褒贬抑扬,有他自己的严格标准,这种标准,深受他从小受到的儒家教育的影响。

郦道元自己从青年时代起就进入仕途,毕生为官,对于为官的善恶标准,他当然更心中有数。郦氏本人为官的种种,前面已有论述,这里只是从《水经注》记载的内容中,看看他在这方面是怎样述事论人的。

卷二《河水》经"又南过赤城东,又南过定襄桐过县西"。注云:

> 《东观记》曰:郭伋,字细侯,为并州牧,前在州;素有恩德,老小相携道路,行部到西河美稷,数百小儿各骑竹马迎拜。伋问:儿曹何自远来?曰:闻使君到,喜,故迎。伋谢而发去,诸儿复送郭外,问:使君何日还?伋计日告之。及还,先期一日,念小儿,即止野亭,须期至乃往。

这是郦道元表扬为官的信用,即使对于一群小儿,也是一样。郭伋对小儿尚且如此讲信用,其为政也就可想而知。郦道元考究吏治,常常愿意从小儿中进行观察。因为小儿天真,不说假话,容易获得实情。另一个例子也是一样,卷二十二《渠》经"渠出荥阳北河,东南过中牟县之北"注云:

> 汉和帝时,右扶风鲁恭,字仲康,以太尉掾迁中

牟令。政专德化，不任刑罚，吏民敬信，蝗不入境。河南尹袁安疑不实，使部掾肥亲按行之，恭随亲行阡陌，坐桑树下，雉止其旁，有小儿，亲曰：儿何不击雉？曰：将雏。亲起曰：虫不入境，一异；化及鸟兽，二异；竖子怀仁，三异。久留非优贤，请还。是年嘉禾生县庭，安美其治，以状上之，征博士侍中。车驾每出，恭常陪乘，上顾问民政，无所隐讳，故台中遗爱，自古祠享来今矣。

上述郭伋和鲁恭，都是郦道元赞扬的古代好官，也就是所谓循吏。而这两位循吏，郦氏都是通过小儿以表达了他的赞美。此外，郦道元有时也通过老年人来赞扬循吏，因为老年人饱经风霜，深通世故，因此，老年人出面赞扬，往往出于真正的感情流露。郦道元选择这样的事例，其用心或许在此。卷四十《渐江水》经“北过余杭，东入于海”注云：

汉世刘宠为郡，有政绩，将解任去治，此溪父老，人持百钱出送，宠各受一文。然山栖遁逸之士，谷隐不羁之民，有道则见，物以感远为贵，荷钱致意，故受者以一钱为荣，岂藉费也，义重故耳。

这个故事，也见于《后汉书·刘宠传》，内容相似，但有些细节，可补郦注之不足，《后汉书》云：

宠简除烦苛，禁察非法，郡中大化。征为将作大匠，山阴县有五六老叟，龙眉皓发，自若耶山谷间出，人赍百钱以送宠，宠劳之曰：父老何自苦？对曰：山谷鄙生，未尝识郡朝，它守时，吏发求民间，至夜不绝，狗吠竟夕，民不得安。自明府下车以来，狗不夜吠，民不见吏，年老值此圣明，今闻当见弃去，故自扶奉送。宠曰：吾政何能及公言耶？勤苦父老为人，选一大钱受之。

据山阴县历来地方志的记载，刘宠受父老一文大钱之处，后来名其地为"钱清"，直到今天，这个地名仍未改变，百姓还在这里建了一座"一钱亭"，用来表彰这位值得景仰的太守。我在拙撰《浙江地名趣话序》[①]中指出：

钱清这个地名，它所包含的教育意义，是何等地深刻动人，近年来，社会上出现的种种现象，更使我常常思考这个地名。每当我经过这个地方，总要请驾驶员稍停片刻，让我凭吊这里的江河村舍，真是溯昔抚今，百感交集。小小一个地名，经历了二千年的漫长岁月，至今仍然这样地令人起敬。这正说明，对于是非善恶，人民心中有数，只要是真正为民造福的，用不着长篇大论，两个字的地名就具有这样的威力。

从刘宠这个例子可见，当年感动了这些"龙眉皓发"的老年人而为郦道元所赞扬的这位值提尊敬的父母官，现在仍然受人尊敬。而他的行为事迹，也仍然具有现实意义。由此而

① 《地名知识》，1990 年第 4 期。

得到的启发是，时代相隔虽已邈远，社会性质虽已大变，但是有一类道德准则，却是颠扑不破的。郦道元赞扬的清官循吏，也正和他赞扬的水利专家一样，应该永远受到后世的敬仰。

在《水经注》中，郦道元除了在如上所述的例子中扬善以外，他也同样地议论了不少坏人坏事。他是一个疾恶如仇的人，坏人坏事在他的笔下所受到的谴责，也是十分严厉的。而且他还常常运用他的写作技巧，把性质类似的人物和事件写入不同的注文之中，善恶分明，让人共见。例如卷二十六《淄水》经"东北过临淄县东"注云：

> 《战国策》曰：田单为齐相，过淄水，有老人涉而出，不能行，坐沙中，单乃解裘于斯水之上也。

又卷九《淇水》经"淇水出河内隆虑县西大号山"注云：

> 一水出朝歌城西北，东南流，老人晨将渡水而呻吟难济。纣问其故，左右曰：老者髓不实，故晨寒也。纣乃于此斩胫而视髓也。

上述两段注文，记的都是在河流渡口的两位老人，而田单与纣二人，前者是如何地善良可嘉，后者又是如何地残暴可憎。郦道元虽然不置一词，但他的疾恶扬善的深意，却表现得非常分明。

对于郦道元的疾恶如仇，这里还可以再举一个例子。卷三十一《滍水》经"滍水出南阳鲁阳县西之尧山"注云：

> (滍)水南有汉中常侍长乐太仆州苞(按《后汉书》作州辅)冢,冢前有碑基,西枕冈城,开四门,门有两石兽,坟倾墓毁,碑兽沦移。人有掘出一兽,犹不破,甚高壮,头去地减一丈许,作制甚工,左膊上刻作"辟邪"字,门表堑上起石桥,历时不毁,其碑云:六帝四后,是谘是诹。盖仕自安帝,没于桓后。于时阍阉擅权,五侯暴世,割剥公私,以事生死。夫封者表有德,碑者颂有功,自非此徒,何用许为?石至千春,不若速朽,苞墓万古,只彰诮辱。呜呼,愚亦甚矣。

"石至千春,不若速朽,苞墓万古,只彰诮辱。呜呼,愚亦甚矣。"郦道元在注文中一般不常用自己的语言褒贬善恶。这一次,他大概确实是忍不住了。这几句话,把州苞(辅)这个匹夫民贼的无耻和愚蠢说得淋漓尽致。

第七章 郦道元的治学方法

一、资料占有

从《水经注》一书的成就来看，郦道元无疑是一位学识渊博的人，他必然有一套成熟的治学方法。但在这方面，由于《魏书》和《北史》都只有“道元好学，历览奇书”八个字的记载。《魏书》和《北史》虽然都记载了郦道元的著作：“撰《水经注》四十卷，《本志》十三篇，又为《七聘》及诸文，皆行于世。”但除了《水经注》以外，其他著述均已亡佚，因此，对于他的治学方法，我们仍然只能从《水经注》一书中进行研究。

《水经注》是一部牵涉极广的巨著，从地域范围说，除了基本上以西汉王朝的疆域作为其撰写对象外，还涉及当时的不少域外地区，包括今印度、中南半岛和朝鲜半岛的若干地区。从时间界限说，上起先秦，下到南北朝当代，上下二千多年。地域如此之广，时间如此之久，而其内容又如此的丰富多彩。全书包括自然地理、人文地理、山川胜景、历史沿革、风俗习惯、人物掌故等等。像这样一部三十余万字的牵涉广泛的巨著[①]，资料工作的艰巨性是可以想像的，作者的第一步工作，就是广泛地占有资料。

为了此书的撰述，郦道元到底占有了多少资料，现在已经很难估计。从《水经注》各篇列出名称的文献进行统计，历来也曾经出现过几种不同的数字。明嘉靖黄省曾校本《水经注》卷首所列为一百六十四种；上海人民出版社一九八四年排印出版的王国维校明刊本卷首所列为一百六十九种；中华书局一九六〇年出版的马念祖编《水经注等八种古籍引用书目汇编》所列《水经注》引书共三百七十五种；科学出版社一九六三年出版侯仁之主编的《中国地理学简史》一书中，有"《水经注》注文所引用的书籍多至四百三十种"之语，侯仁之所引的这个数字，很可能是从哈佛燕京学社一九三四年出版的郑德坤《水经注引得》一书得来。郑氏在该书序言中说："(《水经注》)明本载郦氏引用书目只能百余种，余考郦氏引用凡四百三十七种，因作《水经注引书考》。"

继郑德坤之后，我也仔细地整理了《水经注》列名引用的文献，计得四百八十种。编成《水经注文献录》一种。在郑氏《水经注引书考》中，若干碑铭也包括在内，我则另外又整理此书所引碑铭，计得三百五十七种，另编《水经注金石录》一

① 胡适《所谓先世之遗闻其实都是谢山先生自己的见解》(《胡适手稿》二集中册)："《水经注》本文约有三十四万五千字。"

种。[1] 从两种拙编合计,《水经注》列名引用的文献和金石资料,共达八百三十四种。兹将所引文献四百八十种分成二十五类,列表如下:

类别	文献种数	类别	文献种数
地理	109	博物	4
历史	63	宫室	4
人物	32	谱牒	4
图籍	13	书信	19
论说	10	职官制度	12
杂文	8	传奇	13
诗赋	115	谶纬	24
经书	11	工具书	15
子书	18	其它	6

以上合计共四百八十种。

在上述十八类之中,地理类文献不仅对《水经注》的撰写至关重要,而且从这一类文献资料的广泛搜集,大量占有的情况中,也可以看出郦道元在资料工作方面所付出的巨大劳动。《水经注》是一部地理书,地理类资料是撰写此书的基本资料。当时雕板印刷尚未兴起,一切文献资料的取得,都必须通过传钞,而地理类的文献资料比其他各类更有难处,这是因为地理类文献资料包括全国地理和区域地理两类,前者比较集中,后者则非常分散,搜集十分困难。另外一重困难是前面已经提及的,地理类文献资料从时间上说也可分成两类,一类是古典地理文献如《山海经》、《禹贡》、《职方》等等,都是流传已久的作

① 《水经注研究二集》。

品，获得当然甚易，但另一类是随着“地理大交流”而出现的，在当时都属于新著，这些新著分散在全国各地，它们却都是生动真实和内容丰富的。从下列简表中，我们可以看到郦道元所搜集的地理类文献资料的完备程度。这是他治学的一种重要方法，也是他所以写得成这样一部杰出的地理著作的重要基础。

《水经注》引用的地理类文献资料

类别		文献名称
全国地理	汉及汉以前	山海经（山经、西次四经、中山经、海外西经、大荒西经）、大禹记、禹贡、职方、穆天子传①、桑钦地理志、汉书地理志、地说、奏土论、地理风俗记、风俗通
	汉以后	山海经注、三州论、晋书地道记、晋书地理志、太康地记、风土记、九州记、袁山松郡国志、十三州记、十三州志、永初山水记、地理书、地记、魏土地记、春秋土地名、春秋释地
区域地理	中原	中州记、洛阳记、洛阳地记、邺中记、嵩高记、陈留志、陈留风俗传、河南十二县境簿
	关中	三辅黄图、三辅决录注、关中记、秦州记、三秦记
	冀晋	冀州风土记、中山记、赵记、上党记
	西北	沙州记、西河旧事、凉土异物志、昆仑说、汉书西域传、后汉西域传、释氏西域记
	东部	齐记、邹山记、徐州地理志

① 《穆天子传》是《汲冢书》的一种，发现于晋代，但其实是先秦古籍。

续表

类别		文献名称
区域地理	东南	越绝、吴录地理志、吴地记、钱唐记、会稽记、山居记、东阳记、南康记、豫章旧志、豫章记、庐山记、寻阳记、江东旧事
	楚汉	武昌记、江水记、襄阳记、宜都记、荆州记、汉水记、汉中记、湘州记、湘中记
	巴蜀	华阳国志、华阳记、本蜀论、巴蜀志、宜都记①
	岭南	王氏交广春秋、广州记、始兴记、罗浮山记、南裔异物志
域外地理		法显传、佛国记、外国事、交州外域记、南越志、扶南志、扶南传、林邑记

必须说明的是，在上列区域地理类文献中，除了极少数几种如《越绝》、《汉书西域传》、《后汉西域传》等以外，绝大部分都是"地理大交流"时代的作品。

除了地理类以外，郦道元所占有的资料中，还有许多很珍贵的文献，例如，郦道元很重视地图，他撰写《水经注》，常常与地图相核对。在全部注文中例子甚多，如卷二十一《汝水》经"汝水出河南梁县勉乡西天息山"注："余以永平中蒙除鲁阳太守，会上台下列山川图，以方志参差，遂令寻其源流，此等既非学徒，难以取悉，既在迳见，不容不述。"卷二十二《洧水》经"又东南过新汲县北"注："洧水又东南迳桐丘域，……京相璠曰：郑地也。今图无而城见存，西南去许昌故城可三十五里，俗名

① 宜都郡地跨今四川、湖北二省，故在楚汉与巴蜀二处，均列入此书。

之曰堤。"卷二十四《瓠子河》经"又东北过廪丘县为濮水"注："今雷首山西枕大河，校之图纬，于事为允。"正是由于地图和地理的密切关系，所以如上所述，他在工作和著作中常常查阅地图。他搜集和引用的不少地图，如晋裴秀的《禹贡图》和《晋舆地图》，都是我国地图学史上的著名地图。

在郦道元占有的资料中，还有一类十分难得的是书信。因为书信不同于其他文献，搜集和传钞，都是十分困难的。但是书信寄递于远方，各方事物，都是书信寄发者所亲见，所以这是十分真实的资料。郦氏在注文中引用的书信，如诸葛亮与别人的往返书信，其中有不少涉及诸葛亮屯兵与曹魏对抗的地区情况，如河流、栈道等等，都是其他文献中所无法获致的资料，又如俞益期致韩康伯的书信，俞是一个名不见经传的普通文人，他远走扶南，信中描述了他在扶南所见的许多地理概况，这是公元五世纪的今中南半岛的目击记载，实在是不可多得的珍贵文献。

郦道元在《水经注》中引及的三百五十七种碑碣，也是当时他所占有的宝贵资料。兹将这些碑碣中有关水利的部分表列如下，借此可见他所占有的有关水利资料的重要价值。

《水经注·金石录》中有关水利的碑碣

名称	卷篇	碑碣内容
荥口石门碑	卷七《济水》经"与河合流，又东过成皋县北，又东过荥阳县北，又东至砾溪南，东出过荥泽北"注	"济水又东合荥渎，渎首受河水，有石门，谓之荥口石门也。而地形殊异，盖故荥播所导，自此始也。门南际河，有故碑云：惟阳嘉三年二月丁丑，使河堤谒者王诲，既达河川，遹荒庶土，往大河冲塞，侵啮金堤，以竹笼石，葺土而为竭，坏隤无已，功消亿万，请以滨河郡徒，凿山采石以为障，功业既就，徭役用息，未详诏书，许诲立功府卿，规基经始，诏策加命，迁在沇州，乃简朱轩授使司马登，令缵茂前绪，称遂休功，登以伊、洛合注大河，南则缘山，东过大伾，回流北岸，其势郁懞，涛怒湍急激疾，一有决溢，弥原淹野，蚁孔之变，害起不测。盖自姬氏之所常蹙，昔崇鲧所不能治，我二宗之所劬劳于是。乃跋涉躬亲，经之营之，比率百姓，议之于臣，伐石三谷，水匠致治，立激岸侧，以捍鸿波，随时庆赐说以劝之，川无滞越，水土通演，役未逾年，而功程有毕，斯乃元勋之嘉课，上德之弘表也。昔禹修九道，书录其功；后稷躬稼，诗列于雅。夫不惮劳谦之勤，夙兴厥职，充国惠民，安得湮没而不章焉。故遂刊石记功，垂示于后。其辞云云，使河堤谒者山阳东缗司马登，字伯志；代东莱曲城王诲，字孟坚；河内太守宋城向豹，字伯尹；丞汝南邓方，字德山；怀令刘丞，字季意；河堤掾匠等造。陈留浚仪边韶，字孝先颂。石铭岁远，字多沦缺，其所灭，盖阙如也。"

续表

名称	卷篇	碑碣内容
沁水石门铭	卷九《沁水》经"又南出山，过沁县北"注	"堰五里以外，方石可得四万余枚，臣以为累方石为门，若天旸旱，增堰进水；若天霖雨，陂泽充溢，则闭防断水。空渠衍劳，足以成河，云雨由人，经国之谋，暂劳永逸，圣王所许，愿陛下特出臣表，勅大司农府给人工，勿使稽延，以赞时要。臣孚言，诏书所许，于是夹岸累石，结以为门，用伐木门枋，故石门旧有枋口之称矣。溉田顷亩之数，间二岁之功，事见石门侧铭矣。"
漳河神坛碑	卷十《浊漳水》经"又东北过曲周县东，又东北过钜鹿县东"注	"（漳水）又迳铜马祠东，汉光武庙也。……庙侧有碑，述河内修武县张导，字景明，以建和三年为钜鹿太守，漳津汎滥，土不稼穑，导披按地图，与丞彭参、掾马道嵩等，原其逆顺，揆其表里，修防排通，以正水路，功绩有成，民用嘉赖。题云：漳河神坛碑。而俗老耆儒，犹揭斯庙为铜马刘神寺。是碑顷因震裂，余半不可复识矣。"

续 表

名称	卷篇	碑碣内容
车箱渠刘靖碑	卷十四《鲍丘水》经“又南过潞县西”注	“鲍丘水入潞，通得潞河之称矣。高梁水注之。水首受灅水于戾陵堰，水北有梁山，山有燕刺王旦之陵，故以戾陵名堰。水自堰枝分，东迳梁山南，又东北迳刘靖碑北。其词云：魏使持节都督河北道诸军事征北将军建成乡侯刘靖，字文恭，登梁山以观源流，相灅水以度形势，嘉武安之通渠，羡秦民之殷富。乃使帐下丁鸿，督军士千人，以嘉平二年，立遏于水，导高梁河，造戾陵遏，开车箱渠。其遏表云：高梁河水者，出自并州，潞河之别源也。长岸峻固，直截中流，积石笼以为主遏，高一丈，东西长三十丈，南北广七十余步。依北岸立水门，门广四丈，立水十丈。山水暴发，则乘遏东下，平流守常，则自北门入，灌田岁二千顷。凡所封地，百余万亩。至景元三年辛酉，诏书以民食转广，陆废不赡，遣谒者樊晨更制水门，限田千顷，刻地四千三百一十六顷，出给郡县，改定田五千九百三十顷。水流乘车箱渠，自蓟西北迳昌平，东尽渔阳潞县，凡所润含，四、五百里，所灌田万有余顷。高下孔齐，原隰底平，疏之斯溉，决之斯散，导渠口以为涛门，濉漉池以为甘泽，施加于当时，敷被于后世。晋元康四年，君少子骁骑将军平乡侯弘，受命使持节监幽州诸军事，领护乌丸校尉宁朔将军，遏立积三十六载，至五年夏六月，洪水暴出，毁损四分之三，剩北岸七十余丈，上渠车箱，所在漫溢，追惟前立遏之勋，亲临山川

续表

名称	卷篇	碑碣内容
车箱渠刘靖碑	卷十四《鲍丘水》经"又南过潞县西"注	指授规略，命司马关内侯逄恽，内外将士二千人，起长岸，立石渠，修主遏，治水门，门广四丈，立水五尺，兴复载利通塞之宜，准尊旧制，凡用功四万有余焉。诸部王侯，不召而自至，襁负而事者，盖数千人。诗载经始勿亟，易称民忘其劳，斯之谓乎。于是二府文武之士，感秦国思郑渠之绩，魏人置豹祀之义，乃遐慕仁政，追述成功。元康五年十月十一日，刊石立表，以纪勋烈，并记遏制度，永为后式焉。事见其碑辞。"
伊阙左壁石铭	卷十五《伊水》经"又东过伊阙中"注	"伊水又北入伊阙，昔大禹疏以通水，两山相对，望之若阙，伊水历其间北流，故谓之伊阙矣。……东岩西岭，并镌石开轩，高甍架峰。西侧灵岩下，泉流东注，入于伊水。傅毅《反都赋》曰：因龙门以畅化，开伊阙以达聪也。阙左壁有石铭云：黄初四年六月二十四日辛巳，大出水，举高四丈五尺，齐此已下，盖记水之涨减也。"
千金堨石人腹上刻勒	卷十六《穀水》经"又东过河南县北，东南入于洛"注	"河南县城东十里有千金堨，《洛阳记》曰：千金堨归堰穀水，魏时更修此堰，谓之千金堨。积石为堨，开沟渠五所，谓之五龙渠，渠上立堨，堨之东首立一石人，石人腹上刻勒云：太和五年二月八日庚戌，造作此堨，更开沟渠，此水冲渠上，其水助其坚也。必经年历世，是故部立石人以记之云尔。盖魏明帝修王、张政绩也。堨是都水使者陈协所造。"

续表

名称	卷篇	碑碣内容
千金堨石人东胁下刻勒	续上注	“《语林》曰:陈协数进阮步兵酒,后文王欲修九龙堰,阮举协,文王用之。掘地得古承水铜龙六枚,堰遂成。水历堨东注,谓之千金渠。逮于晋世,大水暴注,沟渎泄坏,又广功焉。石人东胁下文云:太始七年六月二十三日,大水迸瀑,出常流上三丈,荡坏二堨,五龙泄水,南注泻下,加岁久漱啮,每涝即坏,历载消弃大功,今故无令遏,更于西开泄,名曰代龙渠,地形正平,诚得为泄至理。千金不与水势激争,无缘当坏,由其卑下,水得踰上漱啮故也。今增高千金于旧一丈四尺,五龙自然必历世无患。若五龙岁久复坏,可转于西更开二堨、二渠。合用二十三万五千六百九十八功,以其年十月二十三日起作,功重人少,到八年四月二十日毕。代龙渠即九龙渠也。后张方入洛,破千金堨。永嘉初,汝阴太守李矩、汝南太守袁孚修之,以利漕运,公私赖之。”

续　表

名称	卷篇	碑碣内容
千金堨石人西胁下刻勒	续上注	“水积年渠堨颓毁,石砌殆尽,遗基见存,朝廷太和中修复故堨。按千金堨石人西胁下文云:若沟渠久疏,深引水者当于河南城北、石碛西,更开渠北出,使首狐丘,故沟东下,因故易就碛坚,便时事业已讫,然后见之。加边方多事,人力苦少,又渠堨新成,未患于水,是以不敢预修通之。若于后当复兴工者,宜就西碛,故书之于右,以遗后贤矣。虽石碛沦败,故迹可凭,准之于文。”
鸿池陂铭	卷十六《穀水》经“又东过河南县北,东南入于洛”注	“穀水又东注鸿池陂,……故李尤《鸿池陂铭》曰:鸿泽之陂,圣王所规,开源东注,出自城池也。”
青陂碑	卷二十一《汝水》经“又东南过平舆县南”注	“汝水又东南与青陂合。……侧陂南有青陂庙,庙前有陂,汉灵帝建宁三年,新蔡长河南缑氏李,言上请修复青陂,司徒臣训,尚书臣袭,奏可洛阳宫,于青陂东塘南树碑,碑称:青陂在县坤地,源起桐柏淮川别流,入于潺湲,迳新息墙陂,衍入褒信界,灌溉五百余顷。”

续 表

名称	卷篇	碑 碣 内 容
褒水石门碑	卷二十七《沔水》经“沔水出武都沮县东狼谷中”注	“褒水又东南历小石门，门穿山通道，六丈有余。刻石言：汉明帝永平中，司隶校尉犍为杨厥之所开。”
六门碑	卷二十九《湍水》经“湍水出郦县北芬山，南流过其县东，又南过冠军县东”注	“湍水迳穰县，为六门陂。汉孝元之世，南阳太守邵信臣以建昭五年，断湍水，立穰西石堨。至元始五年，更开三门为六石门，故号六门堨也。溉穰、新野、昆阳三县五千余顷。汉末毁废，遂不修理。晋太康三年，镇南将军杜预，复更开广，利加于民，今废不修矣。六门侧又有六门碑，是部曲主安阳亭侯邓达等以太康五年立。”
六门碑	卷三十一《淯水》经“又南过新野县西”注	“昔在晋世，杜预继信臣之业，复六门陂，遏六门之水，下结二十九陂，诸陂散流，咸入朝水，事见六门碑。”

续 表

名称	卷篇	碑 碣 内 容
李冰大堰六字碑	卷三十三《江水》经“岷山在蜀郡氐道县，大江所出，东南过其县北”注	江水又历都安县，县有桃关，汉武帝祠，李冰作大堰于此，立碑六字曰：“深淘滩，浅包隔。隔者，壅江作堋，堋有左右口，谓之湔堋。”按此处“立碑六字曰：深淘滩，浅包隔。隔者”十三字为今本《水经注》所无，参见《水经注佚文》(《水经注研究》，天津古籍出版社 1985 年版)。
三石人刻要	续上注	“《益州记》曰：江至都安，堰其右，捡其左，其正流遂东，郫江之右也。因山颓水，坐致竹木，以溉诸郡。又穿羊摩江、灌江，西于玉女房下白沙邮，作三石人立水中，刻要江神，水竭不至足，盛不没肩。是以蜀人旱则借为溉，雨则不遏其流。故记曰：水旱从人，不知饥馑，沃野千里，世号陆海，谓之天府也。”

作为一个学者，当然每个人都有一套自己的治学方法，但其中必然无可或缺的是占有资料，这其实是做学问的第一步，没有这一步，学问必然无法登堂入室，上面列举的郦道元在《水经注》里列名引用的文献资料，只是他所占有的资料中的一小部分，但从这一小部分中，我们可窥一斑而知全貌。他的成功，决不是偶然的。

二、资料分析

前面说到占有资料是做学问的第一步。在占有大量资料以后,必须妥善地运用这些资料。这中间,最重要的方法是对资料进行分析,去伪存真,去芜存精。郦道元在这方面是下了极大功夫的。所以前面指出,郦道元所占有的资料,比他在《水经注》中引用的,在数量上要多得多。因为有更多的资料,在经过他分析以后,都没有写入注文中去。

《水经注》是以《水经》为底本而广征博引,详加注释的。因此,《水经》是郦道元必须经常作为依据而无法回避的资料。所以《水经》的说法是否正确,是他在撰写此书中首先必须仔细研究的,他恰恰就是这样做了。在全部《水经注》中,郦道元明确指正《水经》的错误达三十多处。在这样的场合里,他常常使用"盖经误证也"这样一句常用语,例如在卷六《湛水》中,《水经》说:"(湛水)又东过毋辟邑南"。郦道元在注文中指出:"原经所注,斯乃溴川之所由,非湛水之间关也。是乃经之误证耳"。又如卷十四《濡水》中,《水经》说:"(濡水)又东南过海阳县西,南入于海。"郦道元在注文中说:"濡水于此南入海,不迳海阳县西,盖经误证耳"。这样的例子是很多的。有时候,他并不指出《水经》的错误,但实际上同样纠正了《水经》的错误。例如卷六《原公水》中,《水经》说:"(原公水)又东入于汾。"郦道元在注文中则说:"(原公)水注文湖,不至汾也。"这里,"不至汾也"四字,是郦道元针对《水经》的错误而写的。

郦道元对《水经》进行分析,有时并不指出他分析的依据,但有时则很明确地说明,他是根据什么资料进行分析的。《水经注》卷十四《泃水》篇中,关于泃水流向的分析是一个很好的例子。《水经》说:“浿水出乐浪镂方县,东南过临浿县,东入于海。”浿水在什么地方?我国古籍所说的浿水,有时指今朝鲜的清川江,有时指今朝鲜的大同江。这当然是因为古人对远离中原的朝鲜地理疏昧的缘故。但不管是清川江或大同江,它们的流向都是一样的。郦道元根据我国其它古籍的记载,例如《史记·朝鲜列传》所说:“东走出塞,渡浿水”等,在注文中指出:“若浿水东流,无渡浿之理。”但这毕竟仍是一种根据古籍记载的推理。要对《水经》记载的“东入海”的话予以否定,还必须进一步深入分析这项资料。郦道元在注文中继续说:“其地,今高句丽之国治,余访蕃使,言城在浿水之阳,其水西流,迳故乐浪朝鲜县,即乐浪郡治,汉武帝置,而西北流。……考之今古,于事差谬,盖经误证也。”由此可知,为了深入分析《水经》的资料,郦道元访问了当时从高句丽到北魏来的外交使节,然后根据这位“蕃使”的目击记录,论定《水经》的记载是错误的。

在分析《水经》的资料时,有时候,郦道元还寻根究底,查出《水经》的错误是从哪里来的。这样,他实际上还对《水经》以外的其它文献资料,也进行了分析。上面所说的《浿水》一篇就是这样。在这一篇中,《水经》的主要错误,是说错了浿水这条河流的流向。我国的大河,多数流向都是自西向东的,但朝鲜半岛上的大河,多数流向却是自东向西的。有些学者,坐井观天,又不仔细分析资料,或许就是造成错误的原因。经过郦道元的仔细查核,才知道这种错误并不始于《水经》,早在《水经》以前,我国已经存在这种错误。所以注文一开始就指出:“许慎云:浿水出镂方,东入海;一曰浿水出县;《十三州志》曰:浿水县在乐浪东北,镂方县在郡东”。这就说明,早在汉代,许慎的《说文解字》中就已经出现了这种错误。而在《水经》以后,北魏人阚骃所撰的《十三州志》中,也和《水经》一样,重复了这种错误。郦道元经过仔细分析，指出了《水经》的错误，其实也就纠正了长期以来许多文献资料存在的这种错误。

对《水经》资料进行分析，同时也比较分析其它许多文献资料，然后鉴定各种资料的正误得失。这种方法在《水经注》中是不胜枚举的。例如卷八《济水》经“（济水）又东北过甲下邑，入于河”注中，郦道元就是这样做了。注云：

> 济水东北至甲下邑南，东历琅槐县故城北。《地理风俗记》曰：博昌东北八十里，有琅槐故县也。《山海经》曰：济水绝巨野，注渤海，入齐琅槐东北者也。又东北，河水枝津注之。《水经》以为入河，非也。斯乃河水注济，非济入河。又东北入海。郭景纯曰：自荥阳至乐安博昌入海，今河竭，济仍不绝。经言入河。二说并失。然河水于济、漯之北别流注海，今所辍流者惟漯水耳。郭或以为济注之，实非也。寻经脉水，不如《山海经》之为密矣。

这一段写的是济水与黄河的关系问题。郦道元分析比较的资料，除了《水经》所说：“（济水）又东北过甲下邑，入于河”以外，另外还有两种，即《山海经·海内东经》所说：“（济水）绝巨野（泽），注渤海，入齐琅槐东北”。郭璞（景纯）《山海经注》所说：“济自荥阳至乐安博昌入海，今河竭，济水仍流不绝。”

这里所说的济水，是古代黄河以南的一条著名河流，《尔雅》所说：“江、淮、河、济为四渎”。济水是“四渎”之一。以后逐渐湮废，到了南宋，连河名也不存在了。但在郦道元的时代，济水还是一条大河，其流路是应该记载清楚的。由于济水和黄河在这片平原地区支流纷歧，水道复杂，因而造成许多错误。《水经》与《山海经注》都认为济水是注入黄河的。经过郦道元仔细分析资料以后,他最后断定《水经》和《山海经注》是“二说并失”。《水经》之失,是在于它搞错了黄河干流和支流的关系,实际上并不是济水注入黄河,而是黄河的一条支流注入济水。这就是郦道元所说的:“(济水)又东北,河水枝津注之。《水经》以为入河,斯乃河水注济,非济入河。”《山海经注》之失,是在于它弄错了黄河与漯水的关系。郭璞的意思是,济水是注入黄河的,由于河水枯竭而济水不绝,所以济水存而河水失。但他不知枯竭的是漯水而不是黄河,黄河并不注入济水。这就是郦道元所说的:“然河水于济、漯之北别流注海,今所辍流者惟漯水耳。郭或以为济注之,实非也”。根据这些资料比较的结果,郦道元最后认为最严密的还是《山海经》,因为《山海经·海内东经》的说法如注文所引的,完全没有错误。

除了分析资料纠正《水经》的错误以外,郦道元也同时对《水经》以外的其它地理书的错误进行纠谬。例如卷十四《濡水》经“濡水从塞外来,东过辽西令支县北”注云:

> 庾杲之注《扬都赋》言,卢龙山在平冈城北,殊为孟浪,远失事实。余按卢龙东越清陉,至凡城二百许里,自凡城东北趣平冈故城可百八十里,向黄龙则五百里。故陈寿《魏志》,田畴引军出卢龙塞,堑山湮谷,五百余里,迳白檀,历平冈,登白狼,望柳城。平冈在卢龙东北远矣,而仲初言在南,非也。

这一段注文,郦道元以陈寿《三国志·魏志》的记载,纠正了庾杲之注《扬都赋》的错误。这是郦道元用一种文献资料纠正另一种文献资料的例子。又如卷十八《渭水》经“又东过武功县北”注云：

> （雍水）南流迳胡城东，俗名也。盖秦穆公之故居，所谓祈年宫也。孝公又谓之为橐泉宫。按《地理志》曰：在雍。崔骃曰[①]：穆公冢在橐泉宫祈年观下。《皇览》[②]亦言是矣。刘向曰[③]：穆公葬无丘垄处也。《史记》曰：穆公之卒，从死者百七十七人，良臣子车氏、奄息、仲行、鍼虎，亦在从死之中，秦人哀之，为赋《黄雀》也。余谓崔骃及《皇览》，谬志也。惠公、孝公，并是穆公之后，继世之君矣，子孙无由起宫于祖宗之坟陵矣，以是推之，知二证之非实也。

这里，郦氏用“子孙无由起宫于祖宗之坟陵矣”的推论，证明崔骃和《皇览》的说法不足为信。而从旁肯定了刘向所说的“穆公葬无丘垄处也”。又如卷三十一《滍水注》云：

> 滍水又东迳滍阳城北。……余按滍阳城在滍水南，然则此城正应为滍阴城，而有滍阳之名者，明在南犹有滍水，故此城以阳为名矣。

这里，郦道元虽然没有指出他根据什么资料以纠正滍阳城的地理位置。因为《穀梁》僖公二十八年有“水北为阳，山南

① 此处“崔骃曰”，崔骃所著何书，无法考实。

② 《皇览》为三国魏人王象、缪袭所撰。

③ 刘向所撰书在《水经注》中引及的有《列仙传》、《列士传》、《列女传》、《别录》、《洪范五行传》、《晏子春秋序》、《说苑》七种，此处“刘向曰”所指何书，不得而知。

为阳”一语，这在古人是众所皆知的。既然滍水经过城北，所以此城应为滍阴城。

在全部《水经注》中，可以看到郦道元分析资料的许多细节。他常常用“余考诸地说”，“余按群书”等字句，表达他分析资料的过程。当然，由于他所撰述的地域范围甚广，资料又十分浩瀚，经过他的分析以后，并不一定能获得他认为满意的结论。在这种场合下，他也常常写出事情的原委，而不作结论。例如卷十六《漆水注》云：

> 长安西有渠，谓之漆渠。班固《地理志》云：漆水在漆县西。阚骃《十三州志》又云：漆水出漆县西，北至岐山，东入渭。今有水出杜阳县岐山北漆溪，谓之漆渠，西南流注岐水。但川土奇异，今说互出，考之经史，各有所据，识浅见浮，无以辨之矣。

“识浅见浮”，当然是他的一种谦逊，但知之谓知之，不知谓不知，他仍是受儒家教育的影响。在另外一种情况下，他并不同意某一古人古书对某种地理事物的考证，他自己虽然查核过许多资料，有他一定的看法，但也并不能完全肯定，只能说出一个大概情况。在这样的场合下，他不轻易否定他人的说法，但也把自己的意见加以说明。例如卷二十九《沔水》经“又东至会稽余姚县，东入于海”注云：

> 郭景纯曰：三江者，岷江、松江、浙江也。[1] 然浙江出南蛮中，不与岷江同。……故子胥曰：吴越之国，三江环之，民无所移矣。但江南地卑，万流所凑，涛湖泛决，触地成川，枝津交渠，世家分夥，故川旧渎，难以取悉，虽粗依县地，缉综所缠，亦未必一得其实也。

郭璞把蜀中的岷江拉扯到东南地区的“三江”之中，郦氏虽然不同意此说，但他只用“浙江出南蛮中，不与岷江同”一语提出他的怀疑，却没有像前述批评庾杲之卢龙山或崔骃、《皇览》秦穆公冢那样斩钉截铁的语言。因为对于东南地区的水乡泽国，他既没有亲临目击，而可以参考的文献资料也不如北方那样丰富，因此，他说话就相当谨慎，表现了他审问慎思的治学态度。其实，他所提出的东南地区河湖网的总貌，却是非常符合实际的。

三、野外考察

现代地理学家把他们的研究工作分成两大部分，即室内工作与野外工作。甚至在地理系学习的学生，他们的学习内容，也包括课堂教学和野外实习两大部分。前面已经提到郦道元的工作方法，资料占有和资料分析，都属于室内工作。作为一个地理学家，还有一部分工作必须在野外进行，这就是野外考察，也就是郦道元在《水经注序》中所指出的：“脉其枝流之

① 晋郭璞注《山海经》及《尔雅》，但此处郦引“三江”郭说，不见于上述二书。按《隋书·经籍志》：“《水经》三卷，郭璞撰。”此书早已亡佚，此说可能在此书之中。

吐纳，诊其沿途之所躔，访渎搜渠，缉而缀之。”野外考察是郦道元治学方法中的重要部分，也是《水经注》获得如此辉煌成就的重要原因。在《水经注》以前，我国已经有了不少地理著作，但这些著作，多半缺乏野外考察的基础。在“地理大交流”的时代，在《水经注》成书的前前后后，前面已经提及，各种地理著作风起云涌。这些地理著作当然和古代不同，它们之中有不少具有第一手或第二手的资料，包括野外考察的成果在内。但是这中间也找不出一部地理著作，集中如此大量的野外工作成果而可以与《水经注》相颉颃的。郦道元从事野外考察工作的治学方法和勤勉精神，是后世地理学者的极好榜样。

郦道元从他的少年时代开始，就悉心观察他周围的野外地理事物。他的父亲郦范任官青州刺史，他年幼随父于任所，因此，他对那个地区的地理概况，不论是山川城邑，还是草木景物等，都是十分熟悉，了如指掌的。他青少年时代在这个地区的野外工作成果，在《水经注》中有许多反映。卷二十六《淄水》经“东北过临淄县东”注中关于营丘的描述，就是其中一个很好的例子。注云：

> 余按营陵城南无水，惟城北有一水，世谓之白狼水。水西出丹山，俗谓之凡山也。东北流，由《尔雅》出前左之文，不得以为营丘矣。营丘者，山名也。……今临淄城中有丘，在小城内，周围三百步，高九丈，北降丈五，淄水出其前，故有营丘之名，与《尔雅》相符。

这里，郦道元在营丘这个小小冈阜上所做的野外考察工作，是令人佩服的。不仅是位置、周围长度和高度都有精确的测算，连小丘南北坡的高度差异也不轻易放过。可见他在野外地理工作中的细致踏实。这是他青少年时代的野外考察工作的例子。

郦道元在其进入仕途以后，其中有好几年，他跟随北魏国君拓跋宏到各处巡狩。特别是在今内蒙古阴山一带的多次跋涉，使他获得大量野外考察成果。其中有许多也反映在他的著作之中。卷三《河水》经"又北过北地富平县西"注中，他记载了许多他在旅途中发现的古代游牧民族的岩画，注云：

> 河水又东北历石崖山西，去北地五百里，山石之上，自然有文，尽若虎马之状，粲然成著，类似图焉，故亦谓之画石山也。

在同卷经"至河目县西"注中又说：

> （河水）东流迳石迹阜西，是阜破石之文，悉有鹿马之迹，故纳斯称焉。

《水经注》记载的阴山岩画，近年以来已被内蒙古的文物考古工作者所发现。在阴山山脉西段的狼山地区，西起阿拉善左旗，中经磴口县、潮格旗，东至乌拉特中后联合旗，东西长约三百公里，南北宽约四十至七十公里，在深山幽谷和峭丽的山巅上，已找到了一千多幅各种内容的岩画。① 这一次内蒙古文物考古工作者对阴山地区古代岩画的考察，是根据《水经注》提供的线索进行的，而结果获得成功。郦道元在野外工作中播

① 盖山林《举世罕见的珍贵古代民族文物——绵延二万一千平方公里的阴山岩画》，《内蒙古社会科学》，1980 年第 2 期。

下的种子，在一千四百多年后的今天结出了丰硕的果实。

在阴山地区，郦道元还通过野外工作，记录了这一带的自然植被概况。卷三《河水》经“又东过云中桢陵县南，又东过沙南县北，从县东屈南，过沙陵县西”注云：

> 余以太和十八年，从高祖北巡，届于阴山之讲武台。……自台西出南上山，山无树木，惟童阜耳。

他在这次旅行中，沿途考察山川沙漠，并以他实地考察的结果，纠正了过去某些文献的错误。同卷经“至河目县西”注云：

> 河水又南迳马阴山西，《汉书音义》曰：阳山在河北，阴山在河南。谓是山也。而即实不在河南。《史记音义》曰：五原安阳县北有马阴山。今山在县北，言阴山在河南，又传疑之，非也。余按南河、北河及安阳县以南，悉沙阜耳，无佗异山。故《广志》曰：朔方郡北移沙七所。而无山以拟之，是义、志之僻也。

这里，他以亲眼看到的事实，纠正了《汉书音义》和《广志》的错误。

此后，他年齿增长，如前面已经指出的，曾先后到冀州（今冀南鲁北一带）、颍州（今河南省长葛县附近）、鲁阳、东荆州等地任官。他不仅在任官的当地，并且也在旅途往返之中，进行认真的野外地理考察。把考察所得的成果，写入他的著作之中，他任官东荆州刺史时，州治在比阳县城（今河南省泌阳县城附近）。他考察县城一带的山川地理，并且纠正了《水经》的错误。在卷二十九《比水》经“比水出比阳东北太胡山，东南流过其县南，泄水从南来注之”注下，他提出了他在刺史任上的野外考察成果，注云：

> 经云，泄水从南来注之。然比阳无泄水，盖误引寿春之沘泄耳。余以延昌四年，蒙除东荆州刺史，州治比阳县故城，城南有蔡水，出南磐石山，故亦曰磐石川，西北流注于比，非泄水也。

他在舟车劳顿的旅程之中，也同样不辞辛劳地从事野外地理考察工作，并且同样地以其考察成果纠正其它文献的错误。卷二十五《泗水》经“泗水出鲁卞县北山”注云：

> 《地理志》曰：出济阴乘氏县。又云：出卞县北。经言北山，皆为非矣。《山海经》曰：泗水出鲁东北。余昔因公事，沿历徐沇，路迳洙泗，因令寻其源流，水出卞县故城东南桃墟西北。

对于泗水的源头，上列几种文献都不相同。《汉书·地理志》说它发源于乘氏县（今山东省菏泽县附近），《水经》说它发源于卞县（今山东省泗水县附近）北山，《山海经》说它发源于鲁（今山东省曲阜县一带）东北。郦道元在他的一次旅行途中，考察了这条河流的上源，以他亲眼所见的事实，纠正了各种文献中长期来以讹传讹的错误。

郦道元的野外地理考察工作，并不是简单地沿途浏览，而是与地图对照，文献查阅，父老访问等方法结合进行的，这是一整套科学的野外工作方法。因此，他所获得的野外考察成果，大都确实可靠，具有很高的价值。他在考察濡水（滹沱河支流）沿岸的一些古代墓葬时，就采用了访问和文献查阅相结合的方法。卷十一《易水》经“东过范阳县南，又东过容城县南”注云：

> 濡水又东迳武阳城西北，……其水侧有数陵坟高壮，望若青丘。询之古老，访之史籍，并无文证，以私情求之，当是燕都前古坟也。或言燕之坟茔，斯不然矣。

他在担任鲁阳太守的时期，还结合地图、方志，进行了他的野外地理考察工作，查勘淮河支流汝水的发源情况。卷二十一《汝水》经“汝水出河南梁县勉乡西天息山”注云：

> 余以永平中，蒙除鲁阳太守。会上台下下列山川图，以方志参差，遂令寻其源流，此等既非学徒，难以取悉，既在迳见，不容不述。

从下面的一个例子中，我们可以看到，他甚至在盛夏酷暑季节，旅途之中仍然不顾疲劳，进行野外考察。卷三十一《淯水》经“淯水出弘农卢氏县支离山，东南过南阳西鄂县西北，又东过宛县南”注云：

> （洱）水北有张平子墓，墓之东，侧坟有平子碑，文字悉是古文，篆额是崔瑗之辞。盛弘之、郭仲产并云：夏侯孝若为郡，薄其文，复刊碑阴为铭。然碑阴二铭乃是崔子玉及陈翕耳，而非孝若，悉是隶字，二首

并存,尝无毁坏。又言墓次有二碑,今惟见一碑。或是余夏景驿途,疲而莫究矣。

从上面列举的几个例子可以看到,郦道元野外地理考察工作,是非常勤勉认真的。可惜他生在一个南北分裂,干戈扰攘的时代,而他所憧憬的全国一统的局面,要到他死后半个多世纪才获实现。因此,虽然他毕生重视野外地理考察工作,但他的足迹所能到达的,却限于北魏势力所及的范围,包括长江在内的南方许多河流,他只好完全求之于文献资料。清初郦学家刘献廷说:"予尝谓郦善长天人,其注《水经》,妙绝古今。北方诸水,毫发不失,而江、淮、汉、沔之间,便多纰缪。郦北人,南方诸水,非其目及也。"[①]《水经注》所记载的南方河流中,确实存在不少错误。尽管这些错误对于这部撰成于十四个世纪以前的古代名著来说,实属瑕不掩瑜。但是假使郦道元在当年能够亲眼看到南方各地的山河风景,可以设想,今天我们读到的《水经注》,必将更为生动完美。

① 《广阳杂记》卷三。

第八章　郦道元《水经注》的贡献

一、总　述

《水经注》是一部不朽的地理名著，它对后世当然具有重大贡献。前面已经论述的，郦道元的大一统思想和“中国的自然之爱”的爱国主义精神，以及他的人定胜天，不信鬼神，鞭挞厚葬，反对战争，疾恶扬善等思想和他的治学方法，其实都是《水经注》对后世的贡献。但具体地说来，《水经注》对后世的贡献，主要有下列八个方面。

第一，“地理大交流”时代是我国地理学人才辈出和地理著作大量涌现的时代，是我国地理学史上一个不同凡响的时代，而《水经注》是这个时代的一切地理著作，即所谓“六朝地志”中的代表作，是我国地理学史上一个重要时代的最重要的著作。

第二，《水经注》是我国地理学史上最著名的河流水文地理著作。在郦注以前，虽然《新唐书·艺文志》著录过郭璞注汉桑钦《水经》三卷，但其书早已亡佚，而且卷帙短小，内容简陋可以想见。在郦注以后，唐李吉甫作《删水经》十卷，金蔡珪作《补正水经》三卷，也都已失传。现在尚存的有清初黄宗羲的《今水经》一卷，内容寥落；乾隆间齐召南的《水道提纲》二十八卷，体例刻板。都无法与郦注相比。因此，《水经注》是我国地理学史上无出其右的河流水文地理名著。

第三，《水经注》不仅是一部河流水文地理名著，同时也是一部以河流为纲的区域地理名著。它以西汉王朝的版图为基础，若干地区并兼及域外，对如此广大的地域范围内的许多重要河流及其流域，进行综合性的描述，内容包括自然地理和人文地理。所以英国著名的科学史专家李约瑟认为，《水经注》是"地理学的广泛描述"。[①] 在中国地理学史上，全国性的区域地理著作虽然可以上溯到《禹贡》，但《禹贡》如前所述属于虚构地理学的作品，而且篇幅短小，内容简单，完全不能与《水经注》相比。

第四，《水经注》以前的地理著作，都没有实地考察的基础。而郦道元提倡"访渎搜渠"，所以在注文中包括了他的大量野外实地考察的成果。以实地考察的成果撰写地理书，这虽然是"地理大交流"时代涌现出来的许多地理书的共同特色，但是由于《水经注》是这个时代的一切地理著作中的翘楚，而它所收录的野外考察成果也确实最为丰富，为它书所不及，因此，野外实地考察与地理著作的撰写相结合，《水经注》实开其端。

---

① Joseph Needham. F. R. S. ,Sicence and Civilisation in China Ⅵ,pp. 259.

第五，区域地理著作，内容容易刻板化，近人称此为“地理八股”。其实这种情况并不始于今日。如《禹贡》各州，《汉书·地理志》各郡县，所写也都是千篇一律的东西。以后如《元和郡县图志》、《太平寰宇记》、《元丰九域志》之类，都不能跳出这一窠臼。但《水经注》描写每条河流流域，却是文字生动，内容多变，使人百读不厌。这是区域地理著作在我国地理学史上的一个突出例子。

第六，《水经注》不仅是一部地理学著作，同时也是一部地名学著作。[①] 它搜集了北魏及其以前的大量地名，包括中国境内的非汉语地名和域外地名，对其中的不少地名的渊源进行了解释。在我国，虽然早于《水经注》的文献如《穀梁传》、《越绝书》和《汉书·地理志》等都已经对地名作了解释，但是在数量上完全不能与《水经注》相比。从《水经注》开始，地名学才具备了完整的概念。

第七，《水经注》不仅是一部具有高度学术价值的地理学专著，同时也是一部感情丰富，具有强大感染力的爱国主义读物。全书在字里行间，充满了作者的大一统思想和“中国的自然之爱”。它用生动优美的文字描写祖国河山，把当时南北阻绝，支离破碎的国土写得一团锦绣，表现了强大的民族凝聚力。

第八，一本书形成一门学问的事，不仅在地理学史上，在其它科学史上，例子也是很少的。《水经注》正是由于它的包罗宏富，牵涉广泛，才形成郦学这门内容浩瀚的学问，而且从明代以来，获得很大的发展，即使从我国的全部科学史来说，《水

① 刘盛佳《我国古代地名学的杰作——水经注》，《华中师范学院学报》哲学社会科学版，1983年第1期。

经注》在这方面也是值得自豪的。

二、地理学

（一）自然地理学

《水经注》当然是一部包罗宏富的著作，现在有许多学科都利用它进行各种研究；不同专业的学者，都对它发生兴趣，从它那里挖掘自己需要的资料。但是从此书记载的主要内容来说，它毕竟是一部地理著作。它的主要贡献，首先也在地理学方面。

地理学是一门综合性的科学，它包括自然地理学和人文地理学两大门类，让我们首先看一看《水经注》对于自然地理学的贡献。

顾名思义，《水经注》研究的主要对象是河流，因此，它在自然地理学上的贡献，首先在河流水文方面。《唐六典》卷七，工部、水部郎中注云："桑钦《水经》所引天下之水百三十七，江河在焉。郦善长注《水经》，引其支流一千二百五十二。"所以，单单从数量上说，此书记载的河流就达一千多条。对于这一千多条河流，《水经注》大都记载了它们的发源、流程与归宿。这些记载，都能紧紧地扣住这些河流的自然地理特点，绝不是千篇一律。以清水（今卫河）、沁水（今沁河）、淇水（今淇河）三条河流为例，它们都是发源于太行山南麓或西麓的一般小河。《水经注》把它们编入卷九。对于这种同一地区的一般河流，注文仍能很清楚地描述出它们的不同上源。卷九《清水》经"清水出河内修武县之北黑山"注中，注文描写了清水的上源：

> 黑山在(修武)县北白鹿山东,清水所出也。水上承诸陂散泉,积以成川。

这说明清水是以太行山南麓的一些陂池和泉水为水源的河流,其源地很可能是山麓的一块地下水丰富的小盆地。卷九《沁水》经"沁水出上党涅县谒戾山"注中,注文描写了沁水的上源:

> 沁水即涅水也。或言出穀远县羊头山世靡谷,三源奇注,迳泻一隍,又南会三水,历落出左右近溪,参差翼注之也。

这段注文清楚地说明,沁水的上源大概是太行山西麓一片比较宽广的冲积扇,因此,河流的上源拥有许多支流。卷九《淇水》经"淇水出河内隆虑县西大号山"注中,注文描写了淇水的上源:

> 《山海经》曰:淇水出沮洳山,水出山侧,颓波湍注,冲激横山。山上合下开,可减六、七十步,巨石磥砢,交积隍涧,倾澜漭荡,势同雷转,激水散氛,暖若雾合。

从注文中可见,淇水的发源与清水、沁水都不同。淇水的源地地形复杂,其水源由瀑布急流形成。从上述三条并不出名的河流的发源地的描述中,可见郦道元对于河流发源地的研究,是十分认真的。这对我们研究历史自然地理和现代河流水文等方面,都具有重要意义。

《水经注》记载了各种河流从源地开始的整个流程中，沿途的河床宽度、滩濑、瀑布、急流等情况，其中有的描述得非常细致。例如卷三十三《江水》经“岷山在蜀郡氐道县，大江所出，东南过其县北”注中，对岷江上游各河段的河床宽度的描述。注云：

两山相对，其形如阙，谓之天彭门，亦曰天彭阙，江水自此已上微弱，所谓发源滥觞者也。

这是作者描述的岷江最上游的情况。接着，注文就从天彭阙按流程逐段进行描述。注文续云：

江水自天彭阙东迳汶关而历氐道县北，……自白马岭回行二十余里至龙涸，又八十里至蚕陵县，又南下六十里至石镜，又六十余里而至北部，始百许步。又西百二十余里至汶山故郡，乃广二百余步。又西南百八十里至湿坂，江稍大矣。

在上述注文中，岷江自上游发源起，每个河段的长度和宽度都写得清楚明白，以这样的古代自然地理资料，与现代情况作比较，则这一河段在历史上的变化，就可以了如指掌了。

在河流流程中，峡谷和滩濑等，都是河川自然地理的重要研究对象。《水经注》在这方面的内容也相当丰富。不仅是重要的峡谷，如黄河的孟门、龙门、三门诸峡，洛水的伊阙，长江的三峡，珠江（卷三十七《泿水注》）的高要峡，湘江的空泠峡等，注文中都有非常详细的描述。即使并不出名的峡谷，作者也不曾疏忽，全书记载的峡谷将近三百处之多。此外，在河川自然地理的研究中，滩濑对于研究河床变化具有重要意义，而《水经注》在这方面也提供了大量资料，仅仅在卷四十《渐江水注》一篇之中，就提到滩濑六十余处。

瀑布在河川自然地理研究中也有重要价值，它不仅是河床岩石构造和岩性变化的重要依据，同时也是河流溯源侵蚀的显著标志。《水经注》在这方面提供的资料尤为丰富。虽然，形成瀑布的原因是多种多样的，火山爆发引起的熔岩堰塞，地震引起的岩石崩塌，滑坡，以及冰川作用形成的悬岩等，都可以造成瀑布现象。但是，多数巨大的瀑布，都是由于河流的溯源侵蚀而形成。在河流溯源侵蚀的过程中，由于遇到坚硬的岩层而造成落差，因此就生成瀑布。为此，我们通过古今瀑布的位置移动，就可以计算出河流溯源侵蚀的速度。《水经注》全书共记载了瀑布六十多处，不仅地理位置准确，还记载了其中不少瀑布的高度。因此，利用此书记载的瀑布位置，经过同今天的瀑布位置时对照，往往可以精确地算出河流溯源侵蚀的速度。我国著名历史地理学家史念海教授，曾根据《水经注》记载的孟门瀑布（今壶口瀑布）的位置，与唐《元和郡县图志》记载的位置对比，计算的结果是，从北魏孝昌三年（527）起到唐元和八年（813）之间的二百八十六年中，瀑布每年平均退缩五点一米；从唐元和八年到现在的一千一百多年中，瀑布每年平均退缩三点三米。①

在河床中形成瀑布的这种坚硬岩层，地貌学上称为造瀑层。有时候，在同一区位上，造瀑层漫长延伸，于是就造成通过造瀑层的许多河流，在同一区位上都出现瀑布，形成一条跨越若干条河流的瀑布线。以美国东部为例，从阿巴拉契亚山

---

① 史念海《河山集》二集，三联书店，1982 年版。

(Appalachian Mts.)发源东流入大西洋的许多小河，如康涅狄格河(Connecticut R.)、哈得孙河(Hadson R.)、特拉华河(Delaware R.)、萨斯奎哈纳河(Susguehanna R.)、波托马克河(Potomac R.)、詹姆斯河(James R.)等，它们发源后东流，由于在阿巴拉契亚山脉以东，南北伸展着一条坚硬的造瀑层，因此，上述每条河流，都在大体相同的区位上出现瀑布。当欧洲人开始向新大陆移民之初，这条瀑布线曾经为那些最早的移民提供了动力资源，许多工厂和作坊，纷纷在这条瀑布线上开设起来，形成了这一带的早期繁荣。像这样一类由于造瀑层延伸而形成瀑布线的情况，《水经注》中也常有记载。例如卷十七《渭水》经"又东过冀县北"注中，就记载了一条与渭水支流略阳川水平行的造瀑层，这条造瀑层使注入略阳川水的几条支流，在同一区位上形成了瀑布线。注云：

> (略阳)川水西得白杨泉，又西得蒲谷水，又西得蒲谷西川，又西得龙尾溪水，与渭谷水合，俱出南山，飞清北入川水。

上面这段注文中的"飞清"一词，就是指的瀑布，将在下文《水经注》在文学和语言方面的贡献中再作说明。由于造瀑层的东西横亘，使白杨泉、蒲谷水、蒲谷西川、龙尾溪水等四条河流，在同一区位上都出现瀑布。这样的造瀑层和瀑布线，也出现于西汉水(今嘉陵江上游)，卷二十《漾水》经"漾水出陇西氐道县嶓冢山，东至武都沮县为汉水"注云：

> 西汉水又西南流，……右得高望谷水，次西得西溪水，次西得黄花谷水，咸出北山，飞波南入西汉水。

这段注文中的“飞波”一词，同样也指瀑布。这条瀑布线是东北、西南走向的，使高望谷水、西溪水、黄花谷水等三条河流，在同一区位上出现瀑布。

除了上述在河流流程中对于峡谷、滩濑和瀑布的记载以外，《水经注》对于河流尾闾即沿海平原的地理概况，也有细致的描写。卷五《河水》经“又东北过高唐县东”注中关于黄河尾闾马常坑一带的描述即是其例。注云：

> 又东北为马常坑，坑东西八十里，南北三十里，乱河枝流而入于海。……河盛则通津委海，水耗则微涓细流。

上文写的马常坑，是河口三角洲的一片季节性积水洼地。在黄河洪水期时候，这片洼地成为一片茫茫大湖，与海直接沟通。但到了黄河的枯水季，就成为一片“微涓细流”的河口沼泽。《水经注》的描述，真是十分逼真。

《水经注》对于河流的记载，除了上述有关河流的地貌现象外，在河流水文方面，诸如河流的含沙量、水位、流速、冰期等重要的水文要素，也多有详细的记载。以黄河为例，黄河河水的含沙量是世界罕见的，在这方面，《水经注》有一项著名的记录。即卷一《河水》经“出其东北陬”注中提出的：“河水浊，清澄一石水，六斗泥”。对于河流的水位，《水经注》记下了不少河流的枯水位、一般水位和洪水位。例如在卷五《河水》经“又东北过黎阳县南”注中，就记下了黄河下游的支流白鹿渊水的一般水位和洪水位的差距。注云：

> 又东为白鹿渊水，南北三百步，东西千余步，深

> 三丈余，其水冬清而夏浊，渟而不流，若夏水洪泛，水深五丈，方乃通注。

对于我国北方河流的冰期，《水经注》也常有记载。卷一《河水》经“出其东北陬”注中记载黄河“寒则冰厚数丈”，这就是冰层的厚度。又卷五《河水》经“又东过平县北，湛水从北来注之”注中记载了黄河中可以采冰的几个河段：“常以十二月，采冰于河津之隘，峡石之阿，北阴之中”。上述三个河段中在夏历十二月的采冰，规模甚大，据郦注所记：“朝廷又置冰室于斯阜，室有冰井”。这是朝廷用以贮藏的采凿。对于说明这个河段的冰层厚度和积蓄量，也很有意义。

除了河流以外，《水经注》还记载了许多湖泊，总数超过五百处。这中间有大量的淡水湖，如洞庭湖、彭蠡（今鄱阳湖）、太湖以及如今已经湮废的北方大湖，如巨野泽（在今山东省境内）、圃田泽（在今河南省境内）等等。也有许多咸水湖，如蒲昌海（今罗布泊）、居延海等等。《水经注》记载的湖泊，在湖泊地貌和湖泊水文等方面，都提供了许多资料。例如，湖泊形成以后，在地质循环和生物循环的过程中，总是不断淤浅，甚至全部湮废。这个过程，在自然地理学上称为湖泊的沼泽化现象。《水经注》在这方面的记载，称得上相当详细。卷二十二《渠》经“渠出荥阳北河，东南过中牟县之北”注中，清楚地描述了圃田泽的湮废过程。注云：

> （圃田）泽在中牟县西，西限长城，东极官渡，北佩渠水，东西四十许里，南北二十许里，中有沙冈，上下二十四浦，津流径通，渊潭相接，各有名焉：有大渐、小渐、大灰、小灰、义鲁、练秋、大白杨、小白杨、散

赫、禹中、羊圈、大鹄、小鹄、龙泽、蜜罗、大哀、小哀、大长、小长、大缩、小缩、伯丘、大盖、牛眼等。浦水盛则北注，渠溢则南播。

圃田泽原来是个中原大湖，在《诗经》已见记载。但是由于湖泊的沼泽化现象，到了北魏，这个大湖已经分成二十四个小湖。注文所说的“中有沙冈”，“沙冈”就是沼泽化的产物。湖泊的这种由大到小，由整体到分散的过程，具体地说明了圃田泽的湮废经历。《水经注》在这方面的翔实记载，为后世研究湖泊沼泽化的过程，提供了很有价值的数据。

上述河流和湖泊，在自然地理学中统称地表水，除了地表水以外，《水经注》也记载了许多有关地下水的资料，主要是泉和井。全书记载了泉水二百多处，温泉三十八处。在温度没有计量标准的古代，郦道元用“冬温夏冷”、“冬夏常温”、“炎热”、“沸涌”、“可焆鸡豚”等级别，来记载不同温泉的水温。《水经注》记载了分布于全国各地的井，并且记及了它们的深度。前面已经提及，如卷二《河水注》所记的疏勒城井，“深一十五丈”。卷四《河水注》所记的虎牢城井，“深四十丈”。均是其例。这对我们了解古代各地的地下水位，是很有价值的资料。

如上所述，对于地表水和地下水的各种记载，当然是这部以河流为主的地理书在自然地理学方面的描述重点。但此外有关一般自然地理学上的问题，全书也拥有许多资料。其中，对于喀斯特地貌的记载和描述，就是很重要的方面。卷三十一《涢水》经“涢水出蔡阳县”注云：

（大洪）山下有石门，夹鄣层峻，岩高皆数百许仞。入石门，又得钟乳穴，穴上素崖壁立，非人迹所及，穴中多钟乳，凝膏下垂，望齐冰雪，微津细液，滴沥不断，出穴潜远，行者不极穷深。

这段注文所描述的石灰岩溶洞是非常真切的。我国历史上后来出了一位描述喀斯特地貌的著名旅行家，就是明朝的徐霞客。他对于喀斯特地貌的描述，当然比郦道元更胜一筹。这中间，徐霞客有机会深入我国喀斯特地貌发育最好的西南地区亲自考察，当然是一个重要原因。但是另一方面也不能忽视，郦道元的著作毕竟要比《徐霞客游记》早整整十一个世纪。

在自然地理学方面，《水经注》还拥有大量植物地理学和动物地理学的资料。这对研究历史时期我国各地动植物的分布及其变迁，具有重要价值。全书记载的植物品种多达一百四十余种，而且在地理分布方面也记载得相当清楚。包括在我国占最大优势的温带森林和亚热带森林，并涉及西北干燥地区的草原和荒漠植被。卷二《河水》经“其一源出于阗国南山，北流与葱岭所出河合，又东注蒲昌海”注中记载了今新疆罗布泊一带的荒漠植被，注文说：“土地沙卤少田，仰谷旁国，国出玉，多葭苇，柽柳，胡桐，白草。国在东垂，当白龙堆，乏水草”。直到今天，这项记载对于该地区仍是十分逼真的。

《水经注》还记载了我国南方以及今中南半岛地区的动植物和自然景观。卷三十六《温水》经“东北入于郁”注中记载了古代林邑国（今柬埔寨一带）的热带森林，注云：“林棘荒蔓，榛梗冥郁，藤盘筀秀，参错际天”。卷三十七《叶榆河》经“过交趾羡泠县北，分为五水，络交趾郡中，至南界复合为三水，东入海”注中，记载了古代交趾（今越南北部）的热带森林景观。注文说：“林深巨薮，犀象所聚”。卷三十六《温水》经“东北入于郁”注中记载的九真郡咸驩（今越南荣市以北地区）的原始生物景观，更为生动翔实。注云："《林邑记》曰：外越纪粟，望都纪粟。出浦阳，渡便州，至典由，渡故县，至咸驩。咸驩属九真，咸驩已南，獐麂满冈，鸣咆命畴，警啸聒野，孔雀飞翔，蔽日笼山。"真把热带的自然景观，写得维妙维肖。

天然植物按照南北气候条件的不同，在地理分布上出现这种南北递变的规律性，这在自然地理学上称为纬度地带性现象。除此以外，由于地形高度不同，植物从低处到高处，其分布也同样存在规律性的差异，在自然地理学上称为垂直地带性现象。这种现象也同样为《水经注》所记载。卷四十《渐江水》经"北过余杭，东入于海"注中记载的秦望山，就是其中一例，注云："自平地取山顶七里，悬隥孤危，径路险绝。……扳萝扪葛，然后能升，山上无甚高木，当由地迥多风所致。"

《水经注》记载了我国的许多古代动物，而且地区明确。其中有的动物在地理分布上如今已有很大变化，也有些动物则已在我国境内绝迹，所以郦注的记载对于研究动物地理和古今动物地理分布的变迁很有裨益。卷二十八《沔水》经"又东过中庐县东，维水自房陵县维山东流注之"注中记载的"水虎"，即是一个很好的例子，注云：

> 沔水又南与疎水合，水出中庐县西南，东流至邔县北界，东入沔水，谓之疎口也。水中有物如三、四岁小儿，鳞甲如鲮鲤，射之不可入，七、八月中，好在碛上自曝，厀头似虎，掌爪常没水中，出厀头，小儿不知，欲取弄戏，便杀人。或曰，人有生得者，摘其皐厌，可小小使，名为水虎者也。

按《山海经·中山经》："伊水出焉，而东流注于洛。有兽焉，其名曰马腹，其状如人面虎身，其音如婴儿，是食人”。清郝懿行案：“《刀剑录》云：汉章帝建初八年，铸一金剑，令投伊水中，以厌人膝之怪。……《荆州记》云：陵水中有物，如马甲，如鲮鲤，不可入。七、八月中，好在碛上自曝，膝头如虎掌爪，小儿不知，欲取弄戏，便杀人。或曰，生得者取其鼻厌，可小小便，名为水卢。”

郦道元记载这种“水虎”，其地理位置在今汉水襄阳与宜城之间的河段中，注文中的疎口，当在今小河镇附近。这个地区南北朝时代属南朝所有，郦道元足迹所不能到。他的记载，分明是引的《荆州记》，其中如“水虎”、“水卢”、“可小小使”、“可小小便”，“皋厌”、“鼻厌”等，都是传钞之误。其所记载的动物，显然就是扬子鳄（Alligator sinensis）。记载之中，除了“便杀人”一语不符事实外，其余各项，说的都是扬子鳄无疑。我在拙作《读水经注札记》[①]中曾经指出：“扬子鳄虽然是食肉爬虫类动物，但并不是猛兽，平日只吃鱼、蛙、鼠等小动物，不像马来鳄那样凶猛，吞食大动物甚至人。注文中说‘小儿不知，欲取弄戏，便杀人’。可能是因为小儿在沙滩上弄戏它，不慎落水中，使它得到杀人的罪名。”

如上所述，在汉章帝建初八年（83），伊水中还有许多扬子鳄。但到了北魏，郦道元在《水经·伊水注》中，已经没有记及这种动物。而南边的汉水中却还存在，时至今日，《沔水注》中记及的襄阳、宜城一带，这种动物也已绝迹。今天，扬子鳄分布最多的地区，是安徽省的清弋江流域和江苏、浙江二省间的太湖流域。我们把《刀剑录》、《荆州记》、《水经注》等几种文献对照一下，就可以看到在过去两千多年时间里，扬子鳄的

① 《明报月刊》1990年7月号。

分布地区逐渐向东南缩小，不仅地区缩小，数量也大大减少。这就是我们今天必须对这种动物进行保护的原因。

卷三十七《泿水》经"其一又东过县东，南入于海"注中，注文又记载了另外一种动物。注云：

> 建安中，吴遣步骘为交州，骘到南海，见土地形势，观尉佗旧治处，负山带海，博敞渺目，高则桑土，下则沃衍，林麓鸟兽，于何不有？海怪鱼鳖，鼋鼍鲜鳄，珍怪异物，千种万类，不可胜记。

这里的"鼋鼍鲜鳄"一语，"鼍"就是扬子鳄。《诗·大雅、灵台》："鼍鼓逢逢"，孔颖达疏："鼍如蜥蜴，长六七尺。"古人用其皮制鼓，所以称为"鼍鼓"。步骘是淮阴人，曾服官于吴，所以长江流域的鼍，也就是《沔水注》的"水虎"，他一定是见过的。初到南方，在珠江流域骤然见到形状似鼍而身躯比鼍大得多的鳄，或许就不能分辨清楚，所以笼统地称该地有"鼋鼍鲜鳄"。其实，西晋的张华在其《博物志》卷九中曾清楚地指出："南海有鳄鱼，状似鼍。"说明鼍与鳄，只是形状相似，并非一种动物。步骘不及见到张华的书，所以他的说法就比较含糊。步骘所说的鳄，显然就是马来鳄(Crocodilus porosus)。直到唐朝韩愈在潮州当刺史时，这种动物还很多。这是一种凶猛的食肉动物，所以韩愈特地写了一篇《祭鳄鱼文》，要这种动物："其率丑类，南徙于海。"现在，《泿水注》记载的马来鳄早已在广东沿海绝迹。从全世界来说，也已经成为一种珍稀动物了。

《水经注》在自然地理学方面提供的资料是丰富多彩的，给我们今天研究自然地理学，特别是历史自然地理带来了很大的便利。

（二）人文地理学

在人文地理学的各个分支中,《水经注》的贡献首先在经济地理学方面。而其中有关农田水利的资料,具有很重要的地位。由于《水经注》主要是一部记载河流的地理书,所以它有大量的篇幅涉及农田水利。在现代经济地理学中,这些都是属于农业地理学研究的对象。《水经注》记载的农田水利工程不胜枚举。其中灌溉效益显著的如郑渠、都安大堰、车箱渠、白起渠、马仁陂、芍陂、长湖等等均已见前述。《水经注》记载的农田水利工程,内容完整而详尽,对于我们今天研究地区经济发展和水利史等,也都具有重要的价值。有关这方面的材料,在前面论述郦道元人定胜天的思想以及《水经注金石录》中有关水利碑碣部分,已有详细的介绍,这里不再赘述。

在《水经注》有关农业地理的记载中,相当详细地列述了汉代在今新疆地区所经营的屯田。例如,卷二《河水》经"其一源出于阗国南山,北流与葱岭所出河合,又东注蒲昌海"注云:"(敦薨之水)又西南流,迳连城别注,裂以为田。桑弘羊曰:臣愚以为连城以西,可遣屯田,以威西国。"按桑弘羊(前152—前80)在汉武帝时代任治粟都尉,领大司农。在桓宽编撰的《盐铁论》一书中,主要就是他在汉昭帝元始六年(81)的一次全国性的盐铁会议中的发言。他是一位杰出的农业家和经济学家,他建议屯田的地区,即今新疆的焉耆、库尔勒、尉犁一带,其真知灼见,令人叹服。郦注在这条经文下记载的这个地区的汉代屯田,有伊循城屯田、楼兰屯田、莎车屯田、轮台屯田、渠犁屯田等等。并且记载了前已叙述的索劢在这里兴修水利、屯田积粟的故事。"大田三年,积粟百万,威服外国"。这其实就是桑弘羊的思想。

此外,《水经注》有关这方面的记载中,还包括各地耕作制度的资料。卷三十六《温水》经“东北入于郁”注云:

> 知耕以来,六百余年,火耨耕艺,法与华同。名白田,种白谷,七月火作,十月登熟;名赤田,种赤谷,十二月作,四月登熟,所谓两熟之稻也。

这里,注文把林邑国一年两熟的耕作制度,包括耕作、作物品种和收获季节月令等,都记得清楚明白,所以资料是很有价值的。

在郦道元的时代,工业还处于很落后的手工业阶段,分布不多,规模不大。但尽管如此,《水经注》记载的工业地理资料,内容仍然相当完整。从手工业的部门说,全书记载的包括采矿、冶金、机器、纺织、造纸、食品等,可称门类完备。在郦道元的时代,各种矿物在工业中已具有重要地位。《水经注》记载了能源矿物中的煤炭、石油、天然气,金属矿物中的金、银、铜、铁、锡、汞,非金属矿物中的雄黄、硫黄、盐、石墨、云母、石英、玉、石材等。对于它们的地理分布和用途等方面,都有介绍。下面举一个关于石油的例子。卷三《河水》经“又南过上郡高奴县东”注云:

> 故言高奴县有洧水,肥可難,水上有肥,可接取用之。《博物志》称酒泉延寿县南山出泉水,大如筥,注地为沟,水有肥如肉汁,取著器中,始黄后黑,如凝膏,然极明,与膏无异,膏车及水碓缸甚佳,彼方人谓之石漆。水肥亦所在有之,非止高奴县洧水也。

这项材料记载了今陕北和河西走廊等地的石油分布情况，并描述了这种矿物的性状和当时的用途。除了石油以外，其他如卷三十三《江水》经“又东过鱼复县南，夷水出焉”注中记载的蜀中天然气，卷三十八《湘水》经“又东北过泉陵县西”注中记载萌渚岭锡矿等，也都是较有价值的资料。

《水经注》记载了许多地区的冶金工业。其中卷二《河水》经“其一源出于阗国南山，北流与葱岭所出河合，又东注蒲昌海”注中记载的今新疆地区的一处冶金工业，是一个很典型的例子。注云：

> 释氏《西域记》曰：屈茨北二百里有山，夜则火光，昼日但烟，人取此山石炭，冶此山铁，恒充三十六国用。故郭义恭《广志》云：龟兹能铸冶。

这项记载不仅叙述了冶金工业的原料和燃料地，并且还记载了产品的市场，是一项完整的工业地理资料。

《水经注》虽然是一部六世纪初期的古代地理著作，但书内却已经有了机器制造和应用的记载。卷十六《縠水》经“又东过河南县北，东南入于洛”注云：

> 縠水又迳白超垒南，垒侧旧有坞，故冶官所在，魏晋之日，引縠水为水冶，遗迹尚存。

在这段注文里，值得注意的就是水冶，水冶称得上是我国古代的一种机器。据元王祯《农书》，水冶即水排，后汉杜诗始作。[①]《后汉书·杜诗传》注云:"冶铸者为排以吹炭,令激水以鼓之也"。《三国志·魏书·韩暨传》以为水排始于韩暨。所谓:"旧时冶,作马排,每一熟石用马百匹。更作人排,又费功力,暨乃因长流为水排,计其利益,三倍于前。"所以这是一种利用水力鼓风进行冶铸的机器。魏晋时代在榖水上使用的这种水冶,到北魏时虽然已仅存遗迹,但郦道元仍然把它写入注文。郦道元没有料到在他死后不过十几年,高隆之在漳水支流洹水流域又造起这种机器。据《北齐书》及《北史》两书的《高隆之传》并记:"以漳水近于帝城,起长堤以防汎溢之患,又凿渠引漳水周流城郭,造治碾硙,并有利于时。"这里的"碾硙",即是与上述"水冶"相似的一种利用水力的机器。"水冶"用以鼓风。"碾硙"顾名思义,或许是用于研磨。高隆之服官于北魏,后来又入仕于东魏和北齐。从"漳水近于帝城"一语中,可见"碾硙"是东魏都邺以后的事,其事当在元象元年(538)以后。从"凿渠引漳水周流城郭"一语中,可知他修造碾硙当在邺都城边的洹水之上。明嘉靖《彰德府志》卷一(宁波天一阁藏)安阳县水冶条,肯定了洹水上的这种水冶:"周围四十步,在县西四十里。《旧经》曰:后魏时引水鼓炉名水冶,仆射高隆之监造,深一尺,阔一步。"《彰德府志》所说的"后魏"恐怕是"东魏"之误,因为后魏都城在洛阳,东魏才迁到邺城来。可惜郦道元来不及看到高隆之的这种创造,否则,《水经·洹水注》中一定能留下详细的记载。

在所有手工业部门中,记载最多的是制盐工业。在古代,盐是国计民生中的头等大事,这可能就是郦注特别重视的原因。郦注记载的制盐工业,包括海盐、池盐、井盐、岩盐等。其

① 《农书》卷十九。

地域范围东起沿海，西及域外。

卷一《河水》经“屈从其东南流，入渤海”注中记载了域外地区，即古代印度河上源一带的岩盐。注云：

山西有大水，名新头河。……有石盐，白如水精，大段则破而用之。康泰曰：安息、月氏、天竺至伽那调御，皆仰此盐。

这段注文把这个地区岩盐分布的地理位置、采掘方法和运销范围都记得十分清楚。

卷三十三《江水》经“又东过鱼复县南，夷水出焉”注中，记载了南浦侨县和朐忍县两地的井盐采制工业。注云：

（汤溪水）南流历县，翼带盐井一百所，巴川资以自给。粒大者方寸，中央隆起，形如张伞。故因名之曰伞子盐，有不成者，形亦必方，异于常盐矣。王隐《晋书·地道记》曰：入汤口四十三里，有石煮以为盐，石大者如升，小如拳，煮之水竭盐成，盖蜀火井之伦，水火相得乃佳矣。

这里，注文把产区位置，盐井数量，产品性状，供销范围以及用天然气作燃料和制作过程，都作了记载。

卷六《涑水》经“又西南过安邑县西”注中，记载了古代中原地区最重要的盐池即安邑盐池的制盐情况。注云：

《地理志》曰：盐池在安邑西南。许慎谓之盬。长五十一里，广七里，周百一十六里，从盐省古声。吕忱

> 曰：夙沙初作煮海盐，河东盐池谓之盬。今池水东西七十里，南北十七里，紫色澄渟，潭而不流。水出石盐，自然印成，朝取夕复，终无减损。惟山水暴至，雨澍潢潦奔泆，则盐池用耗。故公私共堨水径，防其淫滥，谓之盐水，亦谓之堨水。《山海经》谓之盐贩之泽也。

这里，注文不仅记载了盐池的自然概况和制盐过程，并且还把《汉书·地理志》和《说文解字》等记载的汉代盐池与北魏当代的盐池，在面积大小等方面作了对比，这样的资料，当然是珍贵的。

对于沿海盐场的分布和采制情况，《水经注》记载得更为普遍。例如卷九《淇水》经"又东北过漂榆邑，入于海"注中记载了渤海沿岸高城县和漂榆一带的盐场。注云：

> 清河又东迳漂榆邑故城南，俗谓之角飞城。《赵记》云：石勒使王述煮盐于角飞，即城异名矣。《魏土地记》曰：高城县东北百里，北尽漂榆，东临巨海，民咸煮海水，借盐为业，即此城也。

《水经注》记载的盐矿和盐场多达二十余处，以上仅仅是略举数例而已。

《水经注》在交通运输地理方面，也有大量记载。首先当然是水运，全书记载的河渠水道，绝大部分涉及航运。在前面自然地理学部分所提及的峡谷、滩濑等，常被作为航运的条件加以评价。例如，卷四《河水》经"又东过砥柱间"注中，记载了黄河自砥柱山以下："合有十九滩，水流迅急，势同三峡，破害舟船,自古所患。”卷三十九《耒水》经“耒水出桂阳郴县南山”注中,记载了耒水自汝城县以下三十里中有十四濑:“濬流奔急,竹节相次,亦为行旅泝涉之艰难也。”卷四十《渐江水》经“渐江水出三天子都”注中记及浙江的航行:“浙江又东迳寿昌县南,自建德至此八十里中,有十二濑,濑皆峻险,行旅所难。”此外,河流水位的季节变化,也常常与航行条件同时提出,例如卷二十五《泗水》经“又东南过吕县南”注云:“泗水又东南流,丁溪水注之,溪水上承泗水于吕县,东南流,北带广隰,山高而注于泗川。泗水冬春浅涩,常排沙通道,是以行者多从此溪。即陆机《行思赋》所云:乘丁水之捷岸,排泗川之积沙者也。”全书中像这样一类的记载,是很多的。

对于天然河流的航行,当然是全书十分关心的问题。例如卷三十五《江水》经“鄂县北”注中记载了当时长江中游的航行,已经出现了“载坐直之士三千人”的大型船舶。卷五《河水》经“又东过平县北,湛水从北来注之”注中,记载了“魏尚书仆射杜畿,以帝将幸许试楼船”。说明黄河中游在三国时代曾经作过航行大型船舶的尝试。当然,尝试没有成功,郦注只简单地说了一句:“覆于陶河。”《三国志·魏书·杜畿传》说:“受诏作御楼船于陶河,试船遇风没。”这里的陶河,也就是孟津,在今河南省孟县以南。

《水经注》也记载了许多运河,其中特别具有价值的是卷八《济水》经“又东南过徐县北”注中记载的古代黄淮间的运河。注云:

> 偃王治国,仁义著闻,欲舟行上国,乃沟通陈、蔡之间。得朱弓矢,以得天瑞,遂因名为号,自称徐偃王,江、淮诸侯服从者三十六国。

上文叙述的是一种传说，但却说明了相当重要的问题。徐偃王是个传说中的人物，其时约在西周穆王之世，时当西周中叶，其时估计在公元前十世纪之初。所谓“沟通陈、蔡之间”，正是古代黄淮之间鸿沟水系。这种传说反映了这样一种事实，即黄、淮之间所存在的沟通这两个水系的河道，比这个地区见诸历史记载的运河开凿可能还要早四五个世纪。

尽管《水经注》的内容以河川为主，但郦道元在交通运输方面的记载并不忽视陆路。全书记载了各种类型的道路，有国际上的交通要道，如卷一《河水》经“屈从其东南流，入渤海”注中的葱岭、天竺道：“度葱岭，已入北天竺境，于此顺岭西南行十五日，其道艰阻，崖岸险绝，其山惟石，壁立千仞，临之目眩，欲进则投足无所，下有水，名新头河。昔人有凿石通路施倚梯者，凡度七百梯，度已，蹑悬絙过河。河两岸，相去咸八十步，九译所绝，汉之张骞、甘英皆不至也。”又同卷同条经文下的林杨、金陈道：“竺枝《扶南记》曰：林杨国去金陈国，步道二千里，车马行，无水道。”此外如卷三《河水》经“又北过朔方临戎县西”注中记载的窳浑出鸡鹿塞道，卷三十六《温水》经“东北入于郁”注中记载的彭龙、区粟通逵和扶南、林邑步道等，也都是我国古代与域外交通的国际道路。至于国内的著名陆道也无不收入，例如卷四《河水》经“又南至华阴潼关，渭水从西来注之”注中记载的函谷关道：“邃岸天高，空谷幽深，涧道之峡，车不方轨，号曰天险。”卷二十七《沔水》经“又东过成固县南，又东过魏兴安阳县南，涔水出自旱山北注之”注中记载的通关势，是一条沟通关中与汉中之间的重要道路。注云：

> 壻水南历壻乡溪，出山东南流，迳通关势南，山高百余丈，上有匈奴城，方五里，浚堑三重，高祖北定

三秦，萧何守汉中，欲修北道通关中，故名为通关势。

《水经注》也记载了许多险要的道路，例如卷二十七《沔水》经“沔水出武都沮县东狼谷中”注中描述的秦、蜀间的栈道。注云：

(褒)水西北出衙岭山，东南迳大石门，历故栈道下谷，俗谓千梁无柱也。诸葛亮《与兄瑾书》云：前赵子龙退军，烧毁赤崖以北阁道。缘谷百余里，其阁梁一头入山腹，其一头立柱于大水中，今水大而急，不得安柱，此其穷极，不可强也。

注文还描述了我国西南多山地区的十分险峻的山道。卷三十六《若水》经“又东北至犍为朱提县西，为泸江水”注云：

(朱提)郡西南二百里得所绾堂琅县，西北行，上高山，羊肠绳屈八十余里，或攀木而升，或绳索相牵而上，缘陟者若将阶天。故袁休明《巴蜀志》云：高山嵯峨，岩石磊落，倾侧萦回，下临峭壑，行者扳缘，牵援绳索。三蜀之人，及南中诸郡，以为至险。

在同一条经文之下，还描述了从朱提到僰道之间水陆交通的艰难。注云：

自朱提至僰道有水步道，水道有黑水、羊官水，至险难，三津之阻，行者苦之。故俗为之语曰：楢溪

> 赤水，盘蛇七曲，盘羊乌栊，气与天通，看都濩泚，住柱呼伊，庲降贾子，左担七里。又有牛叩头、马搏颊坂，其艰险如此也。

这里所说的“庲降贾子，左担七里”，这样的道路，古代称为左担道。庲降是当时的建宁郡治，约在今云南省曲靖县附近。从庲降到那里去的商贩，由于山道险窄，有时在连续七里的行程中，只能用左肩挑担，不得换肩，其险峻可以想见。

由于大量的水陆道路在注文中出现，这就必然要牵涉到水陆道路的交错地点，于是注文中同时也出现了大量的桥梁和津渡。全书记载的桥梁、津渡近二百处。

《水经注》记载的桥梁，包括石拱桥、木桥、木石混合桥、索桥、浮桥等等，其中有的桥梁十分宏大，例如卷十九《渭水》经“又东过长安县北”注中记载的秦渭桥。注云：

> 秦始皇作离宫于渭水南北，……南有长乐宫，北有咸阳宫，欲通二宫之间，故造此桥，广六丈，南北三百八十步，六十八间，七百五十柱，百二十二梁。

“南北三百八十步”。按秦制一步为六尺(一尺合今 23.1 厘米)，周制一尺约为二十一厘米，汉制一尺约为二十三厘米则全长约合今五百米。即使从今天的眼光来看，也不失为一座大桥。记载中还有一些建筑讲究的石拱桥，卷十六《穀水》经“又东过河南县北，东南入于洛”注中的旅人桥即是其例，注云：

> (旅人)桥去洛阳宫六、七里，下圆以通水，可受

大舫过也。

“可受大舫过也”，说明这是一座净空很大的石拱桥。于此也可见古代桥梁建筑的技术风格于一斑。

在《水经注》记载的津渡之中，有不少历史上著名渡口。例如卷四《河水》经“又东过河东北屈县西”注中的孟门津和采桑津，卷五《河水》经“又东过平县北，湛水从北来注之”注中的孟津，卷十《浊漳水》经“又东出山，过邺县西”注中的薄落津，卷二十二《渠》经“渠出荥阳北河，东南过中牟县之北”注中的官渡，卷三十二《施水》经“施水亦从广阳乡肥水别，东南入于湖”注中的逍遥津等等。像官渡和逍遥津，在历史上都曾发生过著名的战役。

在《水经注》全书记载的津渡中，也记及一处海渡，卷三十六《温水》经“东北入于郁”注：

王氏《交广春秋》曰：朱崖、儋耳二郡，与交州俱开，皆汉武帝所置。大海中南极之外，对合浦徐闻县。……从徐闻对渡，北风举帆，一日一夜而至。

上文所记的徐闻、朱崖渡，即今日的琼州海峡，朱崖州就是海南岛。

农业地理、工业地理和交通运输业地理，是经济地理学最主要的三个分支，从以上所列举的《水经注》在这些方面的大量记载中，可见《水经注》在经济地理学领域中的丰富资料，对于我们研究历史经济地理学，郦注确实作出了重要的贡献。

除了经济地理学以外，人文地理学的另一重要分支学科是城市地理学。《水经注》在这方面的记载也称得上丰富多彩。

全书记载的县级城市和其他城邑共二千八百余座，古都一百八十余座。其中对某些古都的记载特别详细，例如卷十九《渭水》经"又东过长安县北"注中记载的秦、汉故都长安，举凡城门、城郭、街衢、宫殿、园苑等，无不一一记载。卷十六《穀水》经"又东过河南县北，东南入于洛"注中记载的洛阳，是郦道元目击的北魏当代的首都，他竟用七千多字的篇幅，详细地描述了这座都城。在全部《水经》的每一句经文以后，这是最长一篇注文。此外，如卷十三《㶟水》经"㶟水出雁门阴馆县，东北过代郡桑干县南"注中记载的平城，是北魏的旧都，描述也非常详细。又如卷十《浊漳水》经"又东出山，过邺县西"注中记载了所谓五都："魏因汉祚，复都洛阳，以谯为先人本国，许昌为汉之所居，长安为西京之遗迹，邺为王业之本基，故号五都也。"卷三十三《江水》经"又东过江阳县南，洛水从三危山，东过广魏洛县南，东南注之"注中记载了所谓三都："洛水又南迳新都县，蜀有三都，谓成都、广都，此其一焉。"所有这些，都是很有价值的历史城市地理资料。

《水经注》不仅记载了国内的城市，并且还记载了部分国外城市。例如卷一《河水》经"屈从其东南流，入渤海"注中，记载了许多今印度河、恒河流域的古代国都，如波罗奈城、巴连弗邑、王舍新城、瞻婆国城等，其中有的都城具有很大的规模。卷三十六《温水》经"东北入于郁"注中，记载了古代林邑国的重要都城，包括军事要地区粟城和国都典冲城，均位于今越南中部沿海地带，注文把这两座城市的地理位置、山川形势、城垣建筑、城市规模等，描述得细致无遗。郦道元对这两个域外城市的长篇记载，是从《林邑记》抄录的，现在《林邑记》早已亡佚，因此，《水经注》的记载，已经成为孤本，是今天我们研究这两个中南半岛古代城市的唯一文字资料，所以极为宝贵。

除了古都、城邑等以外,小于城邑的聚落,包括镇、乡、亭、里、聚、村、墟、戍、坞、堡等十类,《水经注》也有大量记载,总数约有一千处。这些当然都是较小的聚落,其中有不少现在已经消失,但是它们在我们的某些研究工作中,有时能起很大的作用,作为历史聚落地理研究的对象,这些古代聚落,仍然具有重要的意义。

在人口与民族地理方面,《水经注》也有不少重要的资料。郦道元的时代,正是国家战乱,人口流动频繁的时代,《水经注》反映了许多当时人口迁徙的情况。卷三十五《江水》经"湘水从南来注之"注云:"(涂水)西北流经汝南侨郡故城南,咸和中,寇难南逼,户口南渡,因置斯郡,治于涂口。"这段注文,实际上就是我提出的"地理大交流"的过程。东晋咸和年间(326—334)确实是"地理大交流"的全盛时代,南迁的汉人,常常在南方建立与他们原籍同名的郡县,这就是这一时期侨郡、县大量出现的原因,注文所说的汝南侨郡即是其中之一。汝南郡治原在上蔡(今河南省上蔡县西南),辖境在今河南省境内的颍河与淮河之间,则当时在涂口(今武昌西南的长江南岸)建立的汝南侨郡,其居民主要来自今河南上蔡一带。

《水经注》提供了许多有关少数民族的资料,注文中记及的少数民族有匈奴、犬戎、羯、于越、骆越、五溪蛮、三苗、马流、雕题、文狼等,不胜枚举。《水经注》不仅记载了他们的分布和活动,有时还记载了他们的语言和风俗习惯,包括他们与汉族之间的关系,这些也都是非常可贵的资料。

在人文地理学各分支中,《水经注》的记载还涉及大量军事地理资料,这中间的一个方面,是把曾经在战场起过重要作用的自然地理要素和人文地理要素如河川、山岳、关隘、桥梁、津渡、道路、聚落、仓库等,在军事上进行评价。例如卷二十《漾水》经"又东南至广魏白水县西，又东南至葭萌县，东北与羌水合"注中描述的剑阁。注云：

> （清水）又东南迳小剑戍北，西去大剑三十里。连山绝险，飞阁通衢，故谓之剑阁也。张载《铭》曰：一人守险，万夫趑趄，信然。故李特至剑阁而叹曰：刘氏有如此地而面缚于人，岂不奴才也。

又如卷三《河水》经"屈从县北东流"注中描述的高阙。注云：

> 《史记》，赵武灵王既袭胡服，自代并阴山下，至高阙为塞。山下有长城，连山刺天。其山中断，两岸双阙，善能云举，望若阙焉。即状表目，故有高阙之名焉。自阙北出荒中，阙口有城，跨山结局，谓之高阙戍，自古迄今，常置重捍，以防塞道。

除了上述对这些地理事物从军事上作评价以外，《水经注》有关军事地理记载的另一个方面，就是描述历史上的重要战争。前面已经提及，《水经注》记载了历史上发生的许多战争。对于有些战役，注文描述得十分详细。而且常常与战场的山川地形相联系，所以具有重要的军事地理价值。卷十七《渭水》经"又东过陈仓县西"注中，记载了诸葛亮对陈仓城的进攻和失利过程。注云：

> （陈仓）县有陈仓山，……魏明帝遣将军太原郝昭筑陈仓城，成。诸葛亮围之。亮使昭乡人靳祥说之，

不下。亮以数万攻昭千余人，以云梯、冲车，地道逼射昭，昭以火射连石拒之。亮不利而还。

在明人罗贯中的《三国演义》中，描写了许多诸葛亮与司马懿在战场上斗智的故事，在罗贯中的笔下，诸葛无疑胜过司马。《水经注》中也记载了多次诸葛与司马的战争，诸葛其实常常失利。所以我在拙著《读水经注札记之四》中指出："从《水经注》的记载评论此二人，司马或许高诸葛一筹。说得稳妥一点，也只是棋逢敌手。"①例如在上述注文记载的陈仓城战役中，魏方实际上也是司马懿指挥的。由于陈仓城建立在形势险要的陈仓山上，守御甚为有利，诸葛亮以数十倍的兵力，使用了云梯、冲车等当时的先进武器，并且挖掘了地道，但仍然无法攻下这座城堡。对于蜀方进攻所以失利的原因，注文中引用诸葛亮致其兄弟诸葛瑾的信中说："山崖绝险，溪水纵横，难用行军"。诸葛亮的这话，其实就是军事地理的分析，看来是正确的。

卷三十四《江水》经"又东迳巫县南，盐水从县东南流注之"注，记载了一次发生于长江三峡地区蜀刘备与吴陆逊之间的战役，也描写得有声有色。注云：

江水又东迳石门滩，滩北岸有山，山上合下开，洞达东西，缘江步路所由。刘备为陆逊所破，走径此门。追者甚急，备乃烧铠断道。孙桓为逊前驱，奋不顾命，斩上夔道，截其要径。备逾山越险，仅乃得免。

---

① 载《明报月刊》1990年11月号。

这段记载把发生于这个险要地区的敌我双方的殊死战斗，写得淋漓尽致。败者固然施尽一切阻敌的自保的手段，如“烧铠断道”，“逾山越险”，而胜者也尽其一切可能，“奋不顾命，斩上夔道，截其要径”。战斗的激烈，宛如亲睹。而整段战役的记载又和石门滩北岸的这种险峻万状的山川形势紧密结合，的确是不可多得的历史军事地理资料。

最后，在现代人文地理学领域中，旅游地理学是一门新兴的学科，但一千四百多年前写成的《水经注》，却已为我们积累了大量旅游地理的资料。前面已经论述了关于郦道元的“中国的自然之爱”。他在注文中对祖国各地的河山风景，作了大量生动的描写。此外，他又对各地的名胜古迹，宫殿楼阁，祠庙寺院，塔台园苑等，作了详尽的记载。所以《水经注》不仅是我国古代游记的典范，而且在开发现代旅游资源，复原古代名胜古迹等方面，也都具有重要价值。

三、地名学

地名学是一门研究地名的学科，它研究地名的形成、发展和变迁，以及地方命名的原则和得名的渊源。在我国，早在西汉成书的《穀梁传》①中，就提出了为后世广泛使用的地方命名原则之一：“水北为阳，山南为阳”。这就是说，聚落（或城邑）位于山岳以南或河流北岸者，命名为阳，如衡阳、浏阳等；位于山岳以北或河流南岸者，命名为阴，如华阴、淮阴等。另

① 《穀梁传》僖公二十八年。

一本成书于先秦而到后汉重加整理的《越绝书》[①]中，也提出了“因事名之”[②]的地方命名原则。例如卷四十《渐江水》经“北过余杭，东入于海”注中的“秦望山”，注云：“秦始皇登之，以望南海”。又如卷十九《渭水》经“又东过霸陵县北，霸水从县西北流注之”注中的“霸水”，注云：“古曰滋水矣，秦穆公霸世，更名滋水为霸水，以显霸功。”所有这些例子，都说明地名研究在我国发轫甚早。

在人类活动的早期，由于生产力水平很低，人口不多，人的流动性也很小，因此地名是很少的。但以后随着生产力的发展和人口的增加，人们的活动范围扩大，地名也就不断增加。成书于战国时代的《禹贡》，前面已经介绍，是我国古代的一部虚构派地理名著。《禹贡》的虚构在于时代，书中的地名却是实有的，不过全书地名为数很少，不过一百三十处。《山海经》的成书年代比较复杂，其中《五藏山经》的成书，可能早于《禹贡》，但另外的部分如《海内经》和《大荒经》都是秦以后到汉的作品。所以涉及地名就达一千三百余处。此后最重要的地理著作是《汉书·地理志》，记有地名四千五百多处。但所有这些古地理书，与《水经注》相比，在地名数量上都是望尘莫及。《水经注》记载的各类地名，为数约在二万处上下。作为一部地理书，拥有如此大量地名，确是前所未有的。《水经注》记载的大量地名，成为后世地名学研究的重要资料。

《水经注》是一部以叙述河流为主的地理著作，因此，河流地名是各类地名中数量最大的。前面已经提到《唐六典》所谓

① 参见拙作《关于越绝书及其作者》，《杭州大学学报》哲学社会科学版，1979年第4期。

② 《越绝书》卷八。

《水经》所引天下之水百三十七，而《水经注》引其支流一千二百五十二。但《水经注》记载的河流地名，实际上比《唐六典》大得多，约占全书所载地名的百分之二十。

我们知道，凡是一个地名，往往由专名和通名两部分构成。例如北京市、昌平县、太行山、永定河，这里的北京、昌平、太行、永定都是专名，而市、县、山、河则是通名。在《水经注》记载的河流地名中，单单通名就有河、水、江、川、渎、津、溪、涧、沟、流、究等多种。而各种通名，往往有它们的地域习惯。例如“河”在古代是黄河的专名，“江”在古代是长江的专名。这些专名后来都被作为通名使用。所以北方河流多称“河”，而南方河流多称“江”。西南山区的河流多称“究”，人工开凿的河流多称“渠”等等。这些都是从《水经注》研究地名学首先必须具备的知识。

上面说到，《水经注》记载的全部河流，包括干支流在内，总数为一千多条，但全书河流地名的总数竟达四千左右。主要原因是，每一条河流往往有许多旁名别称，在地名学上称一地多名。《水经注》记载了许多河流的旁名别称，从地名学研究的角度来说，这些都是很重要的资料。以黄河为例，这条北方大河，按不同习惯、地区和段落，在《水经注》中就有河水、河、大河、黄河、浊河、逢留河、上河、孟津河等许多不同名称。当然，黄河是一条全国性的大河，这样的大河有一些旁名别称是难免的。但较小的河流也常常有许多别名，卷二十六《巨洋水》经：“巨洋水出朱虚县泰山，北过其县西”注中列举了巨洋水的别名：“巨洋水，即《国语》所谓具水矣，袁宏谓之巨昧，王韶之以为巨蔑，亦或曰朐瀰，皆一水也”。像这样一条小河，却也有巨洋水、具水、巨昧、巨蔑、朐瀰五个名称，河流地名中的一地多名现象，于此可见。

在地名学的研究中，除了一地多名以外，还有一种异地同名的现象，而《水经注》在这方面也提供了大量资料。从河流地名来说，这种现象就叫异河同名。通过《水经注》进行研究，可知河流地名中最容易发生异河同名现象的是方位词命名的河流。如南水、北水、上河、下河等等。以卷二十《漾水注》一篇为例，在此一篇中，共有冠以方位词"南"的河流二条，冠以方位词"西"的河流七条，冠以方位词"东"和"北"的河流各六条，造成了大量异地同名的现象。另一种容易造成异河同名现象的是以色泽命名的河流，如黄水、白水、清河、浊河等等。以卷一《河水注》到卷五《河水注》的五篇为例，五篇之中，共有以"黑"为名的河流五条，以"白"为名的河流四条，以"赤"或"丹"为名的河流四条，以"黄"为名的河流三条。

以上所举的一河多名和异河同名现象，只是一地多名和异地同名现象在河流地名中的表现。在其他地名中也是一样。例如，在山岳地名中，同样存在一山多名和异山同名的现象，而泉水地名中也同样存在一泉多名和异泉同名的现象。《水经注》中众多的地名，为地名学的研究提供了丰富的资料。

前面已经提到中国古籍中所记载的一些地方命名原则，这实际上就是我国早期的地名学研究。地方命名的原则，直接关系到地名渊源的解释，而传统的中国地名学，主要的内容就是地名解释。我国古籍中最早涉及地方命名原则的，是上面已经提到的《穀梁传》和《越绝书》等。但上述二书在这方面的阐述都比较简单。到了《水经注》，对地方命名的原则，就开始全面化和系统化。卷二《河水》经"又东入塞，过敦煌、酒泉、张掖郡南"注云：

应劭《地理风俗记》曰：敦煌（殿本在此下案云：

此当有脱文)、酒泉,其水甘若酒味故也;张掖,言张国臂掖,以威羌狄。……《汉官》曰:秦用李斯议,分天下为三十六郡。凡郡,或以列国,陈、鲁、齐、吴是也;或以旧邑,长沙、丹阳是也;或以山陵,太山、山阳是也;或以川原,西河、河东是也;或以所出,金城城下得金,酒泉泉味如酒,豫章樟树生庭,雁门雁之所育是也;或以号令,禹合诸侯,大计东冶之山,因名会稽是也。

以上列举的,特别引《汉官》的一段,所说其实就是我国郡名的命名原则。虽然秦按这个原则为郡命名时,郡数只有三十六,而到了汉代,郡国之数就超过一百。到了南北朝,刘宋的郡国超过三百,萧齐的郡国更超过四百,而郦道元所在的北魏,郡国竟超过六百。数量虽然大为增加,但命名的原则却并无变化。

地方命名的原则当然重要,但是到底还是一个总的原则,不可能代替具体的地名解释。因此,以后的不少地理书,开始负担起解释地名的任务。在我国古籍中,最早解释地名的是《越绝书》和《汉书·地理志》。对于前者,我在拙撰《点校本越绝书序》[①]中曾经提出:"我国的传统地名学以地名渊源的解释为主流。《汉书·地理志》有四十余处地名解释,曾被认为是我国地名学研究的嚆矢。其实,《越绝书》成书早于《汉志》,而其中地名渊源解释超过三十处,前面已经提及的练塘[②]、朱

① 点校本《越绝书》,乐祖谋点校,上海古籍出版社,1985 年版。

② 《越绝书》卷八:"练塘者,句践时,采锡山为炭,称炭聚,从炭渎至练塘,各因事名之"。

余[①]等条均是其例，所以此书在地名学研究中的意义，并不下于《汉书·地理志》。”至于《汉书·地理志》它所作的地名渊源解释，如在京兆尹下解释华阴：“太华山在南”。这就是《穀梁传》“水北为阳，山南为阳”的命名原则。又如在敦煌县下解释瓜州：“地生美瓜”。这就是《越绝书》“因事名之”的命名原则。《汉书·地理志》以后，不少地理书都增加了解释地名的内容。到了晋代，京相璠编纂的《春秋土地名》一书，其实就是《春秋》一书的地名词典，可惜早已亡佚。在所有这些解释地名的古代地理书中，解释地名数量最大的无疑是《水经注》，它所解释的地名共有二千四百多处，是它以前的一切地理书所不可比拟的。

《水经注》的地名解释，不仅数量大，而且内容丰富多彩。把它所解释的二千四百多处地名，按其性质归纳整理一下，大概可以分成二十四类。现在把这二十四类地名列成一表，每类举几个地名，并选出其中一个，写出《水经注》所解释的内容。全表如下：

地名类别	地名举例	地名解释举例
人物地名	项羽堆(《济水注》)、白起台(《沁水注》)、石勒城(《汾水注》)、子胥渎(《沔水注》)。	卷七《济水》经“与河合流，又东过成皋县北，又东过荥阳县北，又东至砾溪南，东出过荥泽北”注：“羽还广武，为高坛，置太公其上，曰：汉不下。吾烹之。高祖不听，将害之。项伯曰：为天下者不顾家，但益怨耳。羽从之。今名其坛曰项羽堆”。

① 《越绝书》卷八：“朱余者，越盐官也，越人谓盐曰余”。

续　表

地名类别	地名举例	地名解释举例
史迹地名	黄巾固(《济水注》)、薄落津(《浊漳水注》)、磨笄山(《瀔水注》)、万人散(《渠注》)。	卷二十二《渠》经“又屈南至扶沟县北”注:“王莽之篡也,东郡太守翟义兴兵讨莽,莽遣奋威将军孙建击之于圉北,义师大败,尸积万数,血流溢道,号其处为万人散。”
故国地名	胡城(《颍水注》)、上庸郡(《沔水注》、鄾聚(《淯水注》)、叶榆县(《叶榆河注》)。	卷二十二《颍水》经“又东南至新阳县北、蒗荡渠水从西北来注之”注:“颍水又东迳胡城东,故胡子国也。”
部族地名	倭城(《大辽水注》)、平襄县(《渭水注》)、僰道县(《江水注》)、文狼究(《温水注》)。	卷三十三《江水》经“又东南过僰道县北,若水、淹水合从西来注之;又东,渚水北流注之”注:“(僰道)县,本僰人居之。”
方言及外来语地名	半达钵愁(《河水注》)、唐述山(《河水注》)、五泄(《浙江水注》)、阿步干鲜卑山(《河水注》)。	卷一《河水》经“屈从其东南流,入渤海”注:“菩萨于瓶沙随楼那果园中住一日,日暮便去半达钵愁宿。半达,晋言白也;钵愁,晋言山也。”

续 表

地名类别	地名举例	地名解释举例
动物地名	雁门(《河水注》)、神蛇戍(《漾水注》)、猪兰桥(《沔水注》)、吊鸟山(《叶榆河注》)。	卷三十七《叶榆河》经“益州叶榆河,出其县北界,屈从县东北流”注:“众鸟千百为群,其会鸣呼啁啾,每岁七八月至,十六七日则止,一岁六至。……俗言凤凰死于此山,故众鸟来吊。”
植物地名	榆林塞(《河水注》)、藁桑河(《瀔水注》)、香陉山(《鲍丘水注》)、菊水(《湍水注》)。	卷二十九《湍水》经“湍水出郦县北芬山,南流过其县东,又南过冠军县东”注:“(菊)水出西北石涧山芳菊溪,……源旁悉生菊草,潭涧滋液,极成甘美。”
矿物地名	仓谷(《清水注》)、玉石山(《圣水注》)、北井县(《江水注》)、锡方(《湘水注》)。	卷三十八《湘水》经“又东北过泉陵县西”注:“其山多锡,亦谓之锡方矣。”
地形地名	平原郡(《河水注》)、平皋城(《济水注》)、一合坞(《洛水注》)、高平山(《泗水注》)。	卷五《河水》经“又东北过杨虚县东,商河出焉”注:“《地理风俗记》曰:原,博平也,故曰平原矣。”
土壤地名	沙州(《河水注》)、斥漳(《浊漳水注》)。	卷十《浊漳水》经“又东北过斥漳县南”注:“应劭曰:其国斥卤,故曰斥漳。”

续　表

地名类别	地名举例	地名解释举例
天候地名	风山(《河水注》)、风穴(《灅水注》)、伏凌山(《鲍丘水注》)、风井山(《夷水注》)。	卷十四《鲍丘水》经“鲍丘水从塞外来,南过渔阳县东”注:“山高峻,岩障寒深,阴崖积雪,凝冰夏结,事同《离骚》峨峨之咏,世人因以名山也。”
色泽地名	白水(《漾水注》)、墨山(《丹水注》)、白盐崖(《江水注》)、赤濑(《渐江水注》)。	卷二十《漾水》经“又东南至广魏白水县西,又东南至葭萌县,东北与羌水合”注“白水西北出于临洮县西南西倾山,水色白浊。”
音响地名	蟲蟲水(《沁水注》)、岚谷(《沔水注》)、石钟山(《水经注佚文》)。	卷九《沁水》经“南过穀远县东,又南过陭氏县东”注:“(沁水)又南与蟲蟲水合,水出东北巨骏山,乘高泻浪,触石流响,世人因声以纳称。”
方位地名	河北县(《河水注》)、南鄀(《洛水注》)、丙穴(《沔水注》)、北井(《江水注》)。	卷二十七《沔水》经“沔水出武都沮县东狼谷中”注:“褒水又东南得丙水口,水上承丙穴,穴出嘉鱼,常以三月出,十月入。……穴口向丙,故曰丙穴。”
阴阳地名	淇阳城(《淇水注》)、蒙阴水(《沂水注》)、朝阳县(《白水注》)、营阳郡(《湘水注》)。	卷三十八《湘水》经“又东北过泉陵县西”注:“营水又东北迳营浦县南,营阳郡治也。……在营水之阳,故以名郡矣。”

续 表

地名类别	地名举例	地名解释举例
形象地名	灵鹫山(《河水注》)、鸡翘洪(《洹水注》)、明月池(《沔水注》)、石匮山(《渐江水注》)。	卷二十七《沔水》经"又东过成固县南,又东过魏兴安阳县南,涔水出自旱山北注之"注:"(壻水)北有七女池,池东有明月池,状如偃月。"
比喻地名	剑阁(《漾水注》)、黄金戍(《沔水注》)、铁城(《沔水注》)、腾沸水(《淯水注》)。	卷二十《漾水》经"又东南至广魏白水县西,又东南至葭萌县,东北与羌水合"注:"连山绝险,飞阁通衢,故谓之剑阁。"
相关地名	金城河(《河水注》)、安民亭(《济水注》)、马溺水(《滱水注》)、春陵乡(《湘水注》)。	卷二《河水》经"又东过金城允吾县北"注:"河至金城县,谓之金城河,随地为名也。"
对称地名	北舆县(《河水注》)、内黄县(《淇水注》)、小成固(《沔水注》)、南新市(《涢水注》)。	卷三《河水》经"又东过云中桢陵县南,又东过沙南县北,从县东屈南,过沙陵县西"注:"(武泉)水南流又西屈,迳北舆县故城南,按《地理志》,五原有南舆县,王莽之南利也,故此加北。"

续　表

地名类别	地名举例	地名解释举例
数字地名	四渎(《河水注》)、十二崿(《淇水注》)、九渡水(《澧水注》)、五岭(《湘水注》)。	卷三十七《澧水》经"又东过零阳县之北"注:"澧水又东,九渡水注之。…水自下历溪,曲折逶迤倾注,行者间关,每所褰涉,山水之号,亦因事生也。"
词义地名	景山(《济水注》)、鲸滩(《沔水注》)、栋山(《渐江水注》)、敦煌(《水经注佚文》)。	《水经注佚文》:"应劭《地理风俗记》曰:敦煌,敦,大也;煌,盛也。"
复合地名	郏鄏(《榖水注》)、牂柯水(《温水注》)、赣县(《赣水注》)。	卷三十六《温水》经"东北入于郁"注:"牂柯,亦江中两山名也。"
神话地名	马邑(《㶟水注》)、陈宝鸡鸣祠(《渭水注》)、逃石(《溱水注》)、怪山(《渐江水注》)。	卷四十《渐江水》经"北过余杭,东入于海"注:"本琅邪郡之东武海中山也,飞来徙此,压杀数百家。《吴越春秋》称,怪山者,东武海中山也,一名自来山,百姓怪之,号曰怪山。"
传讹地名	寒号城(《圣水注》)、树亭川(《渭水注》)、寡妇水(《汝水注》)、千令洲(《江水注》)。	卷二十一《汝水》经"又东南过颍川郏县南"注:"迳贾复城北复南,击郾所筑也。俗语讹谬,谓之寡妇城,水曰寡妇水。

《水经注》以后,地名渊源的研究,几乎成为我国一切地理书中的必有项目,而且常常引用《水经注》的成果。经过长期

的积累，我们在地名渊源的解释中，已经拥有了大量的资料。而《水经注》在这方面贡献是特别卓著的。

四、语言学和文学

《水经注》当然是一部学术著作，而并不是一部文学著作。但是郦道元撰写此书，除了占有大量资料，使此书具有十分丰富的学术内容外，也同时重视语言文字的运用，使全书写得生动活泼，趣味盎然，在语言学和文学上也有很高价值。

郦道元撰写《水经注》，他所运用的语言是十分丰富的。在我国历史上，郦氏历来被称为描写风景的能手。他描写风景的特点之一，就是语言新颖，不用前人的套语滥调。例如，按《水经注》的内容，必然要描写河流上源的许多清澈的溪泉。关于这方面，郦道元的描写手法就显得高人一筹。他在卷二十二《洧水》经"又东南过长社县北"注中描写濄泉的清澈："俯视游鱼，类若空悬矣"。卷三十七《澧水》经"澧水出武陵充县西，历山东过其县南"注中描写茹水的清澈："水色清澈，漏石分沙。"前面已经提及明末清初学者张岱所说的："太上郦道元，其次柳子厚"的话。柳宗元在其著名的《永州八记》中有一篇《至小丘西小石潭记》，这里也描写了潭水的清澈："潭中鱼可百许头，皆若空游而无所依。""皆若空游而无所依"，实在就是从郦氏的"鱼若空悬"一语中得来的。我曾经评论过郦、柳之间这一掌故。我说：

> 当然，前代的学问和经验，总是由后代继承而不断发展的。柳宗元在写景技巧上吸取郦道元之长，是很自然的事。张岱所说的"太上"和"其次"，看来并无

不当之处。[①]

《水经注》在语言运用上的另一个特点是多变。因为尽管是十分生动的语言,但在经过多次使用以后,也会使人感到枯燥刻板,因此,郦道元经常注意语言的变化。即使同一性质的事物,他在描写时也努力做到语言上的推陈出新,使读者有新鲜生动之感。例如瀑布,这是《水经注》经常描写的事物,但郦道元并不一成不变地使用瀑布这个词汇。在全书中,他所使用的,作为瀑布同义词的词汇,还有"泷"、"洪"、"悬流"、"悬水"、"悬涛"、"悬泉"、"悬涧"、"悬波"、"颓波"、"飞清"等等,语言变化,真是层出不穷。

《水经注》语言所以特别生动丰富,一个很重要的原因,是郦道元善于吸取群众的语言。郦道元用这样的语言来充实自己的著作,真是事半功倍。例如,郦道元是坚决反对和谴责秦始皇的暴政的。前面已经引述了卷三《河水》经"屈东过九原县南"注中杨泉《物理论》所引的一段民歌:"生男慎勿举,生女哺用铺,不见长城下,尸骸相支拄"。郦道元在这段民歌以后,用自己的语言只说了一句:"其冤痛如此矣。"因为他懂得,要揭露这个大暴君的残酷无道,利用上述民歌,比写多少声讨的文章都能感人心弦。

《水经注》经常要描写各种河川航道,在这方面,郦道元往往利用当地的渔歌和船谣,这就使他的著作生色不少。在卷三十四《江水》经"又东过夷陵县南"注中,在描写长江三峡中礁石参差,河道曲折的河段时,他写道:

① 《读水经注札记之四》,《明报月刊》,1990 年 11 月号。

江水又东迳黄牛山下，有滩名曰黄牛滩，南岸重岭迭起，最外高崖间有石，色如人负刀牵牛，人黑牛黄，成就分明。既人迹所绝，莫得究焉。此岩既高，加以江湍纡回，虽途经信宿，犹望见此物。故行者谣曰：朝发黄牛，暮宿黄牛，三朝三暮，黄牛如故。言水路纡深，回望如一矣。

如上文，黄牛一谣，虽然短短四句，但以之描写山高江曲，真是绝妙好文，千古不移。在卷三十八《湘水》经“又东北过重安县东，又东北过酃县西，承水从东南来注之”注中，运用渔歌描写了湘水的曲折。注云：

自长沙至北，江湘七百里中，有九向九背。故渔者歌曰：帆随湘转，望衡九面。

当然，不管江道曲折到何种程度，要看到衡山的九面，总是不可能的。但渔歌是一种民间文学，这是民间文学所采用的夸张手法，也是民间文学的语言精华。郦道元吸取了这样的语言精华，丰富了他的著作。在《水经注》全书中，郦道元吸取的这种民间语言是很多的。例如卷十八《渭水》经“又东过武功县北”注中，为了描写秦岭之高，注文采用了俗谚：“武功太白，去天三百。”又如卷十九《渭水》经“又东，丰水从南来注之”注中，注文又利用老百姓的歌谣，鞭挞祸国殃民的王氏五侯。注云：

前汉之末，王氏五侯大治地宅，引沉水入长安城。故百姓歌之曰：五侯初起，曲阳最怒，坏决高都，竟连五杜，土山渐台，像西白虎。

像上述这许多歌谣谚语的运用，大大丰富了《水经注》的语言，增加了注文的感染力，使此书倍增光彩。

《水经注》的语言运用，还有一个重要的特色，就是郦道元不回避外来语言。例如卷二《河水》经"又东过金城允吾县北"注中记及的阿步干鲜卑山，就是一个鲜卑语地名。前面提到北魏国君拓跋宏曾下令禁止在朝廷中说鲜卑语。在这一点上，郦道元的看法或许和拓跋宏不同，在他撰写的《水经注》中，不仅保留了鲜卑语，而且也保留其他许多少数民族的语言。上述阿步干鲜卑山这个地名，清初郦学家全祖望曾在他的《七校水经注》中作了考证。他说：

> 阿步干，鲜卑语也。慕容廆思其兄吐谷浑，因作阿干之歌，盖胡俗称其兄曰阿步干。阿干，阿步干之省也。今兰州阿干山谷、阿干河、阿干城、阿干堡、金人置阿干县，皆以阿干之歌得名。

由此可知，阿步干在鲜卑语中是"兄"的意思。这类外来语在《水经注》中很多，卷三《河水》经"又北过北地富平县西"注中的薄骨律镇也是一例。注云：

> 河水又北，薄骨律镇城在河渚上，赫连果城也，桑果余林，仍列洲上，但语出戎方，不究城名。

这里所说的"语出戎方"，指的是赫连勃勃，即十六国时期的夏的建立者，他属于匈奴的铁弗部。因此，薄骨律镇可能是一种匈奴语系的地名。郦道元所在的时代，正是"地理大交流"的时代，从北方草原进入华北的许多操不同语言的民族，他们有的把自己原有的地名带到新领地，这情况与华北汉人到江南建立侨郡、侨县一样；有的则以自己的语言在新领地命名地名。由于民族复杂，语言复杂，所以地名也很复杂。在北魏当代，这些地名已经难以解释，郦道元只好把这些无法解释的地名，笼统地称为“北俗谓之”。郦氏自己世居华北，他所说的“北俗”，当然指的华北以北。郦道元把这些地名记录下来，也就是把许多民族的语言保存了下来。真是功德不浅。仅在卷三《河水》经“又南过赤城东，又南过定襄桐过县西”这样一条经文之下，主要在今山西省境内，注文用“北俗谓之”一语记录的民族语言地名就有很多，如下表所列：

山岳	河川	城邑	其他
大浴真山 敢贷山 乌伏真山 吐文山	大浴真水 敢贷水 可不埿水 吐文水 太罗水 灾豆浑水 大谷北水 诰升袁水 树颓水	北右突城 可不埿城 昆新城 故槃回城 太罗城	契吴亭 仓鹤陉 大谷北堆

《水经注》在卷二《河水注》一篇中，记载了古代西域这个民族众多、语言纷岐的地区，郦注记载的这些地名，现在成为这个民族和语言历史博物馆的见证。凡是研究古代西域，都必须研究《水经注》记载的西域地名。正如我在新疆大学苏北海教授所撰《西域历史地理》[①]一书序中所指出的：“我从《西域

① 新疆大学出版社，1988 年版。

历史地理》一书中又一次看到了地名学与历史地理学之间的密切关系，在此书不少专题的讨论中，地名学好像是一把钥匙，它能解决其中的许多关键问题。"

在古代西域包括甘肃一带，历来流行的语言有佉卢语、维吾尔语、粟特语、吐火罗语(包括焉耆语和龟兹语)、梵语、波斯语等。例如佉卢语(Kharasthi)，原来是一种印度俗语(Prakrid)，流行于古代印度西北部。但它在公元三—四世纪，即印度的贵霜王朝时期，曾在今新疆塔里木盆地流行，斯坦因(M. A. Stein)曾在南疆尼雅遗址(今民丰县境)获得大量佉卢文书。卷二《河水》经"其一源出于阗国南山，北流与葱岭所出河合，又东注蒲昌海"注中记载的地名如精绝(Cad'ota)、子合(Cukupa)等，就都是佉卢语。而至今仍然存在的疏勒一名，维吾尔语作 Qasğar，但一说来自佉卢语的 Kharostra，一说来自粟特语的 Sogdag，犹待进一步研究。但是《水经注》所记载的这个地区的另外一些外来语地名，却是十分容易找到语言根据的，例如在前面有关地名解释的列表中"方言及外来语地名"中的半达钵愁。《水经注》对这个地名的解释："半达，晋言白也；钵愁，晋言山也。"完全正确，因为它实在就是梵语白山(Punda Vasu)一词的音译。

从地理分布来说，语言并不是固定不变的，使用某种语言的人群发生了迁移现象，语言也随着迁移。而语言迁移最清楚的标志之一就是地名。例如，在春秋战国甚至更远古的时代，今浙东一带是越族聚居的地区，流行越语，当时的地名当然也都是越语地名。秦始皇占领这个地区以后，越族被迫流散。辗转播迁到今西南地区，即所谓百越。随着语言的迁移，地名也同时迁移。浙东的越语地名，最常见的用词是"无"、"句"、"朱"、"乌"、"余"等。现在，我们从《水经注》记载的东南地区河流如沔水、浙江水等篇与西南地区的河流如温水、叶榆河、若水等篇相比较，可以清楚地看出这种地名迁移也就是语言迁移的现象。

含“无”、“毋”的地名

<table>
<tr><th colspan="2">东南地区</th><th colspan="2">西南地区</th></tr>
<tr><td>沔水注</td><td>无锡县</td><td>若水注</td><td>小会无、会无、会无县</td></tr>
<tr><td rowspan="3">浙江水注</td><td rowspan="3">无余国、句无、句无县</td><td>存水注</td><td>毋敛水</td></tr>
<tr><td>温水注</td><td>无变、无劳究、无劳湖、毋掇县、毋单县、毋敛县、毋血水。</td></tr>
<tr><td>叶榆河注</td><td>无切县</td></tr>
</table>

含“句”的地名

<table>
<tr><th colspan="2">东南地区</th><th colspan="2">西南地区</th></tr>
<tr><td rowspan="2">沔水注</td><td rowspan="2">句章、句章县、句余、句余山、句余县</td><td>若水注</td><td>乌句山</td></tr>
<tr><td>温水句</td><td>句町县、句町国</td></tr>
<tr><td>浙江水注</td><td>句无、句无县、句章县</td><td>叶榆河注</td><td>句漏县</td></tr>
</table>

含“乌”的地名

<table>
<tr><th colspan="2">东南地区</th><th colspan="2">西南地区</th></tr>
<tr><td>沔水注</td><td>乌上城</td><td rowspan="2">若水注</td><td rowspan="2">乌句山、乌栊</td></tr>
<tr><td>浙江水注</td><td>乌程县　乌伤县</td></tr>
</table>

含“朱”的地名

<table>
<tr><th colspan="2">东南地区</th><th colspan="2">西南地区</th></tr>
<tr><td rowspan="4">浙江水注</td><td rowspan="4">朱室、朱室坞</td><td>桓水注</td><td>朱提郡</td></tr>
<tr><td>若水注</td><td>朱提山、朱提县、朱提郡</td></tr>
<tr><td>温水注</td><td>朱崖、朱崖州、朱崖郡、朱涯水、朱吾浦、朱吾县</td></tr>
<tr><td>叶榆河注</td><td>朱载县</td></tr>
</table>

含“姑”的地名

东南地区		西南地区	
沔水注	姑孰县	若水注	姑复县
渐江水注	姑蔑	淹水注	姑复县
		叶榆河注	姑复县

含“余”的地名

东南地区		西南地区	
沔水注	余杭县、余姚县、余暨县	叶榆河注	余发县
渐江水注	余杭县、余衍县、余发溪、余暨县、余干大溪、三余		

以上所列的都是《水经注》记载的少数民族和外来语地名。除了地名以外，《水经注》还记入了不少少数民族和外来语的一般词汇。例如所述古代越族聚居的浙东地区，卷四十《渐江水》经“北过余杭，东入于海”注中记载五泄瀑布：“此是瀑布，土人号为泄也。”现在这一带除五泄瀑布作为一个名胜存在外，再也无人称瀑布为“泄”了。所以“泄”很可能就是古代越语。在卷一《河水》经“屈从其东南流，入渤海”注中，注文中有不少梵语。例如：“王田去宫一据，据者，晋言十里也。”这个“据”是梵语据栌舍(krōsa)的省译，是古代印度流行的一种度量单位。卷一《河水注》中还有一个古代印度的度量单位：“维邪离国去王舍城五十由旬”，又“渡河南下一由巡”。这里的“由旬”和“由巡”，都是梵语 Yodjana 的音译。由旬(由巡)的解释

比较复杂，说法较多，以艾德尔所说为是。① 此卷注文中又说："河边左右，有二十僧伽蓝"。"僧伽蓝"是梵语 Sangharama 的省译，其意译就是寺院。此外，注文中提到："或人覆以数重吉贝"。"吉贝"一词，《水经注》当然来自梵语，但其实原始于马来语 Kapog，意译就是木棉。从这些例子可见，郦道元撰写《水经注》，并不回避方言和外来语。这不仅丰富了他的写作语言；从今天来看，使此书在语言学研究中也具有很大价值。

除了语言学以外，《水经注》在文学上的意义也是众所公认的。前面已经介绍了郦道元描写自然风景的著名两段，即《河水注》中的孟门瀑布和《江水注》中的长江三峡。这两段都是《水经注》真实地描写自然风景的例子。这种真实的基础，有的是郦道元自己的亲身实践，有的则是他人的亲身实践。在这种真实的基础上，加以文学的夸张和渲染。这样的描写，既没有脱离事物的本来面貌，又能使事物表现得更栩栩如生。

除了真实性以外，郦道元也常常注意使写作富于故事性。故事性不仅可以吸引读者，提高兴趣；而故事的本身，又具有褒贬人物，表达作者意愿的作用。所以郦道元总是不遗余力地搜罗各种故事，穿插在他的著作之中。例如卷十九《渭水》经"又东过霸陵县北，霸水从县西北流注之"注中记及虎圈这个地名时，注文引述了一个生动的故事：

① Ernest J. Eitel, Handbook of Chinese Buddism being A Sanskrit—Chinese Dictionary with Vocabularies of Buddhist Terms, Tokyo Sanshusha, 1904, pp. 208："Yodjana, A measure of distance, variously computed as egual to a day's march〔4650 feet〕or 40 or 30 or 16 li〔i. e33 $\frac{1}{2}$ or 10 or 5 $\frac{1}{2}$ English miles.（由延，一种距离的度量单位，为各种不同计算的一日行程〔4650 英尺〕或 40 或 30 或 16 里〔即 33 $\frac{1}{2}$ 或 10 或 5 $\frac{1}{2}$ 哩〕。

霸水又迳秦虎圈东,《列士传》曰:秦昭王会魏王,魏王不行,使朱亥奉璧一双。秦王大怒,置朱亥虎圈中,亥瞋目视虎,眦裂血出溅虎,虎不敢动,即是处也。

这样的故事,真正有声有色,可使一座皆惊。朱亥,当然是作者所要赞赏的一位英雄。

在同卷同条注文下,为了解释戏水这个地名,作者又引述了一个故事。注云:

渭水又东,……戏水注之。……昔周幽王悦褒姒,姒不笑,王乃击鼓举烽,以征诸侯,诸侯至,无寇,褒姒乃笑,王甚悦之。及犬戎至,王又举烽以征诸侯,诸侯不至,遂败幽王于戏水之上,身死于丽山之北。

这个故事的意义,和郦道元为什么要在他的著作中穿插这样的故事,都是显而易见的。在全部《水经注》中,这样的故事多得不胜枚举。故事当然具有警世劝人的意义,但是也增添了著作的趣味,并且大大提高了《水经注》的文学价值。

此外,郦道元还使用其他许多文学手法以提高他描写事物的生动性和感染力。卷十五《洛水》经"东北过卢氏县南"注中对鹈鹕山的描写即是其例。注云

(黄亭溪)水出鹈鹕山,山有二峰,峻极于天,高崖云举,亢石天阶,猿徒丧其捷巧,鼯族谢其轻工。及其长霄冒岭,层霞冠峰,方乃就辨优劣耳,故有大小

鹈鹕之名矣。

“猿徒丧其捷巧，鼯族谢其轻工”，用这样的生动语言来烘托山的高峻，真是别出心裁。这种修辞手法在《水经注》里是常用的。

概括的手法，也是郦道元所常用的文学技巧。这种手法的运用，使《水经注》文字简洁，内容精炼。例如卷十九《渭水》经“又东，丰水从南来注之”注中记载的秦阿房宫。以此宫之大，如要详细描写，就需要大块文章，好像后来杜牧所写的《阿房宫赋》一样。但郦道元抓住要领，突出其中的“可坐万人，下可建五丈旗”，说明建筑的庞大和崇高，真是高度的概括。在同卷同条经文下的记载汉武帝建造的建章宫，对于这座奢华的巨大宫殿，注文也不作冗复的描述，只是指出：“建章宫，汉武帝造，周二十余里，千门万户。”“周二十余里，千门万户”，这两句话，概括了这座占了如此地面的巨大建筑中的多少宫殿室宇，亭台楼阁，园苑庭榭。

《水经注》在语言学和文学上所取得的成就，当然是郦道元对后世的重大贡献，而且对我们来说，也是一种重要的启发。枯燥、刻板，并不是学术著作不可避免的特点，学术著作是可以写得生动活泼，甚至富有文学价值的。当然，这就要求我们的科学家们也能学一点文学，讲究一些写作技巧。在这方面，一千四百多年前的郦道元已经为我们作出了榜样。

五、其他学科

《水经注》除了在地理学、地名学、语言学和文学等几个方面作出了重要的贡献外，在其他许多学科，如历史学、考古学、金石学、碑版学、文献学等方面，也都提供了有用的资料，作出了贡献。

首先是历史学。《水经注》虽然是一部地理书，但是它也拥有大量的历史资料，在历史学的研究中很有价值。可以举一个例子，中国从汉朝起，封建帝王除了将土地分封给自己的子孙外，同时也分封一部分土地给将相大臣中的各色代表人物，这种分封的地区一般称为侯国。侯国是十分不稳定的，由于士大夫官僚集团内部的倾轧斗争，受封者随时可能得咎罢黜，因而时封时废，变化频仍，历代史籍往往疏于记载，但《水经注》在这方面显然比其他史籍记载得完整。清代的著名史学家钱大昕，就是根据《水经注》的记载，对历史上的侯国作了详细的研究。他在其所撰《潜研堂答问》卷九中说："汉初功臣侯者百四十余人，其封邑所在，班孟坚已不能言之，郦道元注《水经》，始考得十之六七。"这里说明，由于侯国建置的极不稳定，班固（孟坚）在撰《汉书》时就已经无法考实，但郦道元在其后四个多世纪，却考证出了十之六七，说明了郦氏用功之勤，也说明了《水经注》在这方面的史料价值竟超过《汉书》。

钱大昕所发现的关于《水经注》在侯国记载上超过《汉书》的这个事实，在史学上具有重要意义。因为历代以来，学者们以正史为权威，特别是像《汉书》这样的正史，不少人认作经典。他们常常习惯于据正史以批评它书。据正史以校勘它书。当然，一般说来，以正史为圭臬，或许不致造成多大偏差。但是假使不加区别地迷信正史，其结果就会适得其反。《水经注》也还有在其他方面超过正史的例子。

上面说到在侯国的建置兴废中，《水经注》的记载超过《汉书》。其实在行政区划中，不仅是侯国，即使是相对稳定的郡、县，《水经注》的记载，也有可以校勘正史之误的。例如卷二十九《沔水》经"又东过牛渚县南,又东至石城县"。在这条经文之下,戴震在殿本中云:"案牛渚乃山名,非县名"。赵一清在注释本中说得更清楚:"牛渚圻名,汉未尝置县也。"杨守敬在注疏本中说:"《通典》,当涂县有牛渚圻,《地理通释》十二引《舆地志》,牛渚山北谓之采石。"这些学者的见解,主要是,第一,因为《汉书·地理志》和《后汉书·郡国志》均不载牛渚县,所以他们说:"汉未尝置县也";第二,因为《通典》和《舆地志》等书都有牛渚圻或牛渚山的记载,所以他们认为《水经》的牛渚县是牛渚圻或牛渚山之误。

郦道元撰《水经注》,凡是《水经》有讹,他在注文中必加以纠正。在上述这条经文之下,郦道元所作的注文是:

> 经所谓石城县者,即宣城郡之石城县也。牛渚在姑孰、乌江两县界中,于石城东北减五百许里,安得迳牛渚而方届石城也。盖经之误也。

这里,郦道元确实纠正了《水经》的错误,但他所纠正的,只是牛渚县的位置,并不是牛县的建置。为了纠正牛渚县的位置,他提出了姑孰、乌江这两个县名。而其中的姑孰县,恰恰也是《汉书·地理志》和《后汉书·郡国志》所不载的。《水经》所书的县名中,上述《两汉志》不载的尚多,如卷十四《浿水篇》中的临浿县,卷四十《禹贡山水泽地篇》中的金兰县等均是其例。这些县名,郦氏不仅不在注文中纠谬,而且有时还加以肯定。以金兰县为例,卷三十二《決水》经"又北过安丰县东"注云:"其水导源庐江金兰县西北东陵乡大苏山,即淮水也。"这里,这个《两汉志》所不载,其实也是《晋书·地理志》、《宋书·州郡志》、《南齐书·州郡志》所不载的金兰县,郦道元不仅说出它所属的庐江郡，还说出了它所属的东陵乡，言之凿凿，说明这个县是存在的。那么同样为上述五志所不载的牛渚县和姑孰县，我们也没有理由否定它们的建置。

学者们认为牛渚是山名，牛渚山或牛渚圻（矶）是存在的。牛渚圻首见于唐《通典》，但比《通典》早得多的《越绝书》卷八，已记下了秦始皇到会稽的路程："道度牛渚，奏东安，东安，今富春，丹阳，溧阳，鄣故，余杭，轲亭南，东奏槿头，道度诸暨，大越。"上述路程中的地名，一望而知，都是城邑。则牛渚作为一个城邑，在先秦即已存在。到了三国时代，据《吴书·全琮传》："得精兵万人，出屯牛渚"，则牛渚已是一个可以屯兵万人的重镇。《通鉴地理通解》卷十二云："孙皓时，以何植为牛渚督。"这是全琮在此屯兵万人的旁证。到了东晋，牛渚就升格为一个侨州的州治，《通鉴》卷一百《晋纪》二十二，穆帝永和十一年"镇寿春"胡三省注云：

> 南渡初，祖逖以豫州刺史，治谯城；永昌四年，祖约退屯寿春；成帝咸和四年，庾亮以豫州刺史，治芜湖；咸康四年，毛宝以豫州刺史，治邾城；六年，庾翼以豫州刺史，治芜湖；永和元年，赵胤以豫州刺史，治牛渚。

上文清楚说明，牛渚在公元四世纪中期曾经作为豫州这个侨州的州治。豫州这个侨州是数经播迁的，但曾经作过州治的谯、芜湖、邾三地，都是见于《两汉志》的县名。则牛渚县为《两汉志》所遗漏，大概可以无疑。

用《水经注》校勘《汉书》，不仅县名可得补正，比县名少得多的郡名也能校补，例如，卷二十二《渠》经"其一者，东南过陈县北”注云：

> (陈县)城内有汉相王君造四县邸碑，文字剥缺，不可悉识，其略曰：惟兹陈国，故曰淮阳郡云云。

如上文，则淮阳在汉代曾经建郡，但《汉书·地理志》仅列淮阳国，无此郡名。又如卷二十四《睢水》经“又东过相县南，屈从城北东流，当萧县南入于陂”注云：

> 相县，故宋地也；秦始皇二十三年，以为泗水郡；汉高帝四年，改曰沛郡，治此；汉武帝元狩六年，封南越桂林监居翁为侯国，曰湘成也；王莽更名，郡曰吾符、县曰吾符亭。

这里，郦道元把相县数百年来的历史沿革，地名变迁，写得完整明白，一目了然。如和《汉书·地理志》对比一下，相县之下，只有“莽曰吾符亭”一语。所以《水经注》记载的郡县沿革胜过《汉书·地理志》，实非虚语。

除了《两汉志》以外，《水经注》的郡县记载，对《晋书·地理志》也具有很大的校勘、补正价值。现在通行的《晋书》是唐太宗领衔主修的，它比郦注晚出得多，但在不少地方仍有赖于郦注的修补。例如卷三十五《江水》经“又东南过邾县南”注云：“晋咸和中，庾亮为西阳太守”。但《晋书·地理志》却失记西阳郡名。我们可以列举《水经注》记载有建置年代的晋朝县份，却都不见于《晋书》。

卷三十五《江水》经“又东北至江夏沙羡县西北，沔水从北来流注云之”注云：

沌水上承沌阳县之太白湖，……有沌阳都尉治。晋永嘉六年，王敦以陶侃为荆州镇此。

卷三十六《沫水》经"东南过旄牛县北，又东至越嶲灵道县出蒙山南"注云：

灵道县，一名灵关道，……县有铜山，有利慈渚。晋太始九年，黄龙二见于利慈池，县令董玄之率民吏观之，以白刺史王濬，濬表上之，晋朝改护龙县也。

卷三十七《澧水》经"又东过零阳县之北"注云：

澧水又迳渫阳县，右会渫水，水出建平郡，东迳渫阳县南，晋太康中置。

卷三十九《赣水》经"又北过彭泽县西"注云：

循水出艾县西，东北迳豫宁县，故西安也，晋太康元年更从今名。

以上四例中列举的沌阳、护龙、渫阳、豫宁四县，按《水经注》所记，明明都是建置有年代可考的晋代县名，但《晋书·地理志》均失载。清毕沅根据《水经注》等书的记载，撰写了《晋书·地理志新补正》五卷，他在此书序中说："撰《晋书》者，王隐、虞预、臧荣绪、谢灵运、干宝诸家，其王隐《晋书·地道记》及不著姓氏《晋书·地理志》与《晋地记》，见于郦道元《水经注》，类皆搜采广博，十倍于今。"这说明郦注之所以能够纠正史之谬，补正史之缺，是由于他的“搜采广博”。

以上所述的是《水经注》在历史学研究中的价值，也不过略举数端而已。与历史学有关的科学技术史，特别是水利史，《水经注》也能提供大量资料，前面已经介绍的不少古代水利工程均是其例。《水经注》对这些水利工程的记载非常详细，举凡工程的主要结构，工程效益，修建过程等，对今天的水利史研究都甚有裨益，因前面已多有述及，此处不再赘叙。

《水经注》记载了大量不同性质，不同时代，不同风格和不同建造技巧的古代建筑，这在我国建筑史研究中具有重要意义。《水经注》记载的古代宫殿，如卷十九《渭水注》中的阿房宫、建章宫、未央宫等，当然都是名闻遐迩的高大建筑。即使是一般建筑，也是各具风格，很有值得研究之处。例如卷十三《㶟水》经“㶟水出雁门阴馆县，东北过代郡桑干县南”注中记载北魏首都的白台。注云：

> 台甚高广，台基四周列壁，阁道自内而升。国之图箓秘籍，悉积其中。

由此可知，白台是北魏的档案库，它的建筑特色是：“台基四周列壁，阁道自内而升”。因为是档案库，阁道自内而升，不仅安全，并且升登方便，而台基四周列壁，除了从档案库的安全考虑外，还可以增加台在外观上的雄伟。

卷二十八《沔水》经“又东过荆城东”注中记载了南北朝初期建于郢城的大暑台：“秀宇层明，通望周博，游者登之，以畅远情。”说明此台的设计者非常重视台的视野，即所谓“通望周博”。这又是一座别具风格的建筑物。

《水经注》对我国古代的园林建筑有大量记载。像卷十六

《穀水》经“又东过河南县北，东南入于洛”注中的芳林园和华林园，注文描述得十分细腻，举凡园林的结构布局，园林内部的土石山水，亭台楼阁，都叙述得十分明白，对研究我国古代的造园艺术，具有重要的价值。

甚至对一般的祠庙寺观，《水经注》也常从建筑物的角度进行记载。卷十四《鲍丘水》经“又南至雍奴县北，屈东入于海”注中记载的土垠县观鸡水畔观鸡寺即是其例。注云：

> （观鸡）水东有观鸡寺，寺内起大堂，甚高广，可容千僧。下悉结石为之，上加涂塈，基内疏通，枝经脉散，基侧室外，四出炊火，炎势内流一堂尽温，盖以此土寒严，霜气肃猛，出家沙门，率皆贫薄，施主虑阙道业，故崇斯构，是以志道者多栖托焉。

这个观鸡寺，其建筑不仅拥有可容千僧的大堂，又具有适于低温地区的这种特殊的取暖保温结构，确是我国古代建筑中的卓越创造。诸如上述的例子，在《水经注》全书中不胜枚举，这些都是我国建筑史研究中的有用资料。

《水经注》的许多记载，对今日考古学的研究也很有裨益。近年以来，我国考古学曾经利用郦注记载，获得研究的线索和成果。以我国古代的佛塔建筑为例。古代的不少著名佛塔，由于年久塌圮，考证困难。但《水经注》在这方面的记载，使考古学者在考古发掘中获得了可以对证的文字依据。例如卷十六《穀水》经“又东过河南县北，东南入于洛”注中记载洛阳永宁寺九层浮图。注云：

> （渠）水西有永宁寺，熙平中始创也，作九层浮

> 图，浮图下基方十四丈，自金露槃下至地四十九丈，取法代都七级，而又高广之。虽二京之盛，五都之富，利刹灵图，未有若斯之构。

这座浮图建于北魏熙平元年(516)，到永熙三年，就被大火烧毁，其存在时间还不到二十年。所以除了郦道元目击记载以外，其他记载极少，而且多是第二手材料。中国科学院考古研究所洛阳工作队，根据《水经注》记载的资料，对洛阳城进行了考古发掘。在一九七三年发表了《汉魏洛阳城初步勘查》①一文，记述了考古成果：

> 永宁寺九层浮图塔基位于寺院正中，今残存高大夯土台基，残高约八米左右，塔基平面呈方形，分三层而上，顶上两层在今地面上屹立可见。底层夯基近方形，东西约一〇一米，南北约九八米，基高二点一米；中层夯基面积小，呈正方形，东西、南北各长五〇米，高约三点六米；顶层台基系用土坯垒砌，呈正方形，面积约有十米见方，残高二点二米。这与《水经注》所载永宁寺浮图下基方十四丈面积近似。

这项资料，说明了《水经注》记载的翔实可靠，它对今日的考古发掘工作很有价值。

《水经注》是我国第一部比较系统而完整的著录我国古代金石碑版的著作，为金石学和碑版学的研究提供了大量资料。全书记载的各种金石碑版，如前所述，共达三百五十七种，其

① 《考古》1973年第4期。

内容包括河川、水利、山岳、交通、城邑、经界、地名、建筑、经籍、历史、人物、祠庙、陵墓等等。《水经注》记载的金石碑版，事实上就是一部从上古到北魏的金石录。在《水经注》以前，我国没有专门研究金石碑版的著作，在《水经注》以后，我国研究金石碑版的著作以北宋欧阳修的《集古录》、南宋赵明诚的《金石录》为著名。这些后来的金石汇编，虽然搜集的数量比《水经注》大得多，但在时间上要比《水经注》晚五百年以上，郦道元所目击的金石碑版，到那时绝大部分不仅早已损毁，就是拓本也多未流传。所以《水经注》著录的古代金石碑版，在这些后来的金石汇编中，大都已不存在。例如有关河川水利的金石碑版，《水经注》著录的从上古到北魏，总数超过二十种（本书已选录了十五种），但《集古录》和《金石录》在同一时代中都没有这一类金石碑版的著录。可见《水经注》著录的金石碑版在金石、碑版学研究中的重要意义。

本书前面已经指出，在《水经注》中指名引用的古代文献达四百八十种。这是《水经注》对后世文献学研究的重要贡献。在《水经注》引用的古代文献中，有很大一部分现在都早已亡佚，其中有的古籍，如三国魏蒋济《三州论》，晋庾仲雍《汉水记》等，除《水经注》外，绝未见它书著录；有的古籍，如《林邑记》、《汉武帝故事》等，所引内容，除《水经注》外，绝未见它书引及。所以都是价值连城的资料。多少年来，学者在考据、校勘、辑佚等许多文献学研究中，实际上已经大量地利用了《水经注》的成果。《水经注》对于后世文献学的贡献不言而喻。

此外，《水经注》对我们古代民族、宗教、艺术等许多方面的研究工作，都能作出它的贡献，这里就不再一一赘述了。

第九章　郦学——郦道元留给后世的财富

一、郦学的形成与学派的发展

前面已经提到,《水经注》由于包罗宏富,牵涉广泛,形成了郦学这样一门内容浩瀚的学问。这是郦道元留给后世的财富。一本书形成一门学问,这门学问从自然科学到人文科学,从语言学到文学,真是无所不包,无所不有。它不仅为古代学者所研究,而且也为现代学者所研究;不仅为国内学者所研究,而且也为国外学者所研究。对于中国学术界来说,这是一门影响深远的学问,也是一门值得自豪的学问。

郦学是学者在对《水经注》的不断研究中逐渐形成的。郦学怎样形成,当然要从《水经注》说起。此书的成书年代,至今尚无定论,前面已有所述,郦道元被害于孝昌三年(527),从此直到隋一统的半个多世纪中,华北战乱频仍,北魏首都洛阳曾数遭兵燹,这部巨著当年有几部钞本也不得而知,却能奇迹般地度过成书后最艰危的五十多年岁月。《隋书·经籍志》著录此书作四十卷,显然仍是完璧。时至隋唐,国家承平,文化发达,传钞必有增加,这部巨著才开始为人们所渐知。所以隋代的《北堂书钞》,唐初的《初学记》等类书中,都收录了《水经注》的大量资料。《北堂书钞》虽非官方著作,但作者虞世南是大业年间的秘书郎,而且在编撰此书前不久参与过官修类书《长洲玉镜》的工作。故其撰述所据资料,无疑来自朝廷藏书。至于《初学记》,则是朝廷文化机构集贤院的集体编撰,资料当然出自内库。这说明在隋唐之初,《水经注》的传钞本流传尚不普遍。此后,杜佑修《通典》,李吉甫纂《元和郡县图志》,都曾引及郦注,但这些也都是官方著述,他们同样可以利用内库藏书。所以根据这些著作,还无法证明《水经注》当时已在民间流传。到了唐末,陆龟蒙诗说:"水经山疏不离身。"[①]陆龟蒙虽然也当过几任小官,但不过是个普通文人,他已可随带郦注,说明《水经注》的传钞本,至此已经流入民间。

北宋初期的《太平御览》和《太平寰宇记》等书,都曾钞录《水经注》的大量资料。情况与隋唐一样,说明朝廷仍然藏有此书钞本,而且都是卷帙完整的佳本。以后,随着传钞的流行,私人收藏的本子显然有所增加,苏轼诗说:"嗟我乐何深,《水经》亦屡读。"[②]苏轼读郦注确实是很认真的,在《石钟山记》一文中,他不仅引用了郦注的记载,并且还对它作了评论。其实,到了苏轼的时代,《水经注》的流传,除了传钞以外,刊本也开始出现。苏轼应该是看得到北宋的最早刊本,即成都府学宫刊本及元祐刊本的。不过根据他在《石钟山记》中所引的郦注文字,

① 《全唐诗》卷626《和袭美寄怀南阳润卿》。

② 《寄周安孺茶诗》,《苏轼诗集》卷22,中华书局,1982年版。

说明他所收藏的本子，远比成都刊本和元祐刊本完善。[①] 尽管北宋出现的刊本都绝非佳本，但刊本的出现，对于郦注的普及和郦学的发展，无疑具有重要意义。

从隋唐到北宋，对于《水经注》的研究，还处于较低级的水平。主要是剪辑它所记载的各种资料，有的把这种资料进行分门别类，收入各种类书，如上述隋《北堂书钞》，唐《初学记》，宋《太平御览》等；有的则摘取其片言只语，作为其他书文的注释，如唐初司马贞作《史记索隐》，章怀太子注《后汉书》等等；也有的把郦注资料，按地区分类，录入全国总志或其他地理书，如唐《元和郡县图志》，宋《太平寰宇记》、《晏公类要》、长安志》、《元丰九域志》等等。所有这些，当然属于《水经注》研究，不过研究的内容限于郦注的现成词句，其方法也不过各取所需，剪辑这些词句而已。这种初级的郦注研究，对扩大郦注的社会影响，当然具有作用，但对郦注本身，却是无所考窍发明的。

北宋以后，金礼部郎中蔡珪撰写了《补正水经》三卷，这是学者深入研究《水经注》的嚆矢。尽管他的研究成果已经亡佚，但至今尚存的元欧阳元、苏天爵所撰该书元刊本序跋[②]，可以窥及当年蔡珪的研究，并不是对郦注词句的简单剪辑，而是对该书的补充和修正。按《水经注》一书在隋唐各志中著录均作四十卷，从隋唐以至宋初的本子，估计都是足本。这些深藏内库的钞本，民间当然无缘得见，但宋初编撰《太平御览》、《太平寰宇记》等书时，都曾作为依据。而此二书中所引郦

① 《石钟山记》(《苏东坡全集》卷三十七)引《水经注》："下临深渊，微风鼓浪，水石相搏，声如洪钟。"为今本郦注所不见。

② 《国朝文类》卷三十六；赵一清《水经注附录》卷下引《滋溪文集》。

注，有大量为今本郦注所不见，这是宋初足本的明证。但是当景祐年间编写《崇文总目》时，发现当时藏在朝廷书库崇文院中的此书钞本，已经缺佚了五卷。从太平兴国到景祐不过五十余年，东京安谧，绝无兵燹水火的动乱，此五卷何由而佚，不得而知。或是在太平兴国间编撰《太平御览》、《太平寰宇记》、《太平广记》等大部头著作时，人手众多，管理不严，当时已经散佚，至景祐因编《崇文总目》才得察觉，亦未可知。嗣后，郦注的第一种刊本即成都府学宫刊本问世，经注混淆，内容寥落，即欧阳元《补正水经序》所谓"蜀版迁就之失"，而稍晚刊行的元祐二年(1087)本，虽有较好的何郯家藏本作底本，但从这个刊本覆刻而出至今尚存的明吴琯刊本来看，元祐本仍然无法与宋初的足本相比，无非割裂篇幅，凑足其四十卷之数而已。蔡珪的研究，正是在这种郦注版本散佚的情况下进行的。今其书已佚，内容不得其详。但此书元至顺刊本欧阳元序说："其详于赵、代间水，此固景纯之所难；若江自浔阳以北，吴淞以东，则又能使道元之无遗恨者也。"说明内容多有补充郦注之处。所以汪辟疆说："四十卷之原本，其中已佚五卷，金礼部郎中蔡珪补其亡失。"[①]这话是确实的。此书苏天爵跋说："(至顺三年七月)归至岳阳，与郡教授于钦止览观山川，钦止言洞庭西北为华容，而县尹杨舟方校《水经》，念其文多讹阙，予因以《补正》视之，今所刻者是也。"据此，则蔡书还可能对郦注有所校勘。在蔡珪以前，绝未见到有对郦注作这般研究的学者。因此，蔡珪对于郦注的研究，实开校勘疏证、补遗纠谬之先河，在郦学史中具有重要的意义。

① 《明清两代整理水经注之总成绩》，台北中华书局影印本《杨熊合撰水经注疏》第一册卷首。

从明代起，《水经注》的研究开始盛行，不少学者根据宋代流传的刊本和钞本，对它进行了校勘和注疏工作。关于这方面的成果，目前尚存的有嘉靖十三年(1534)的黄省曾刊本和万历十三年(1585)的吴琯刊本。黄、吴二人都是明代的学者，同时又是刻书家，经他们校勘覆刻的书籍甚多，《水经注》无非是其中之一，所以他们对此书的校勘和注疏，实在是很有限的。因此，今日我们所见的这两种刊本，经注混淆错漏歧出。如与以后出现的各种佳本相比，则黄、吴对于郦注的研究，实在算不得什么。但是，从郦学发展史的角度评论，二人的功绩却也是不可抹杀的。这是因为，第一，他们除了多少也取得一点校勘和注疏的成果以外，特别重要的是他们对郦注的这种校勘和注疏的研究方法，对后世具有倡导作用。从他们起直到清代，郦学研究的主要内容和成果，仍然集中在校勘和注疏这两个方面。第二，他们都是明代著名的刻书家，主持刊印的书影响较大，流行较广，这不仅在社会上起了传播郦学的作用，同时也为后学研究郦注创造了条件。以后的不少郦学家，都以他们刊印的书作为底本，从事郦学研究，例如清初郦学家孙潜以吴琯刊本作底本进行研究工作，而清初的另一郦学家沈炳巽则以黄省曾刊本作底本进行研究工作。嘉靖、万历以后，郦学研究的风气日盛，是和黄、吴的研究以及他们刊本的流行分不开的。

黄、吴以外，这个时期的另一位有刊本行世的郦学家是朱谋㙔(郁仪)。朱书称为《水经注笺》，刊行于万历四十二年(1614)，卷首序言说：

则知《水经》一注，撷彼二百四十家，菁英居多，岂不诚为六朝异书哉。顾传写既久，错简讹字，交棘口吻，至不可读。余甚病焉。尝紬绎割正十之六七，已与友人绥安谢耳伯、婺源孙无挠商榷校雠，十得八九，则惧古今闻见，互有异同，未敢轻致雌黄也。乃援引载籍，以为左券，名曰《水经注笺》。

从上列序言中可见，朱在校勘此书的过程中，曾与谢耳伯（名兆申）和孙无挠（名汝澄）相切磋，而序言最后还提到，此书付刊以前，又有太学生李嗣宗（名克家）作了详细的校阅。所以《水经注笺》实际上是以朱谋㙔为主的集体研究成果。这是明代刊印的所有郦注版本中的翘楚。清顾炎武推崇此书为"三百年来一部书"[①]，看来并不言之过甚。尽管此书所采用的底本，或许也是南宋的坊刻本，但由于他们几个人的卓越研究工作，使得从宋代以来，辗转传钞，经注混淆，错漏连篇的郦注，得到了很多修正，大大便于后人阅读和研究。以后的许多郦学家，都以《水经注笺》作为研究的基础。直至清代，许多郦注佳本，也都以朱笺作为底本。汪辟疆说："赵、戴二家，初皆依朱氏，惟赵采四明之说，戴托大典之文，始各自董理，以意改正，不复用朱氏之旧。迨赵、戴之书，先后流布，见者又谓二家臆改，反不如朱笺尚存真面目，言虽过激，要亦不为无因也。"[②]当然，若说赵、戴在郦学上的成就不及朱氏，确是言之过激，但"不为无因"，其实就是后学对朱氏研究成果的重视。自从隋唐以来，学者对《水经注》研究由来已久，自蔡珪作《补正水经》，对郦注本身的纠谬补遗，也已早有先例。但是，把《水经注》的研究作为一门专门的学问，即郦学，朱谋㙔实开其端。

① 阎若璩《古文尚书疏证》卷六下。

② 《明清两代整理水经注之总成绩》。

在朱谋㙔注笺本刊印以前，至今存在的刊本和钞本为数尚有不少，其中刊本有北京图书馆藏的残宋本以及上述黄省曾本和吴琯本三种，钞本则有《永乐大典》本，而著名的柳佥(大中)、赵琦美(清常道人)两家的研究成果，大部分为孙潜所录出，[①]至今亦仍可见。此外，北京图书馆所藏的何焯校明抄本、王国维校明抄本以及天津图书馆所藏的明练湖书院残钞本，为时或许都在注笺本以前。其中，残宋本和大典本的价值，在拙作《论水经注的版本》一文中已有论述，这两种当然都是佳本，但残宋本并无注疏，而大典本又被戴震作了过分的夸大，都是众所周知的。和上述所有各本相比，则注笺本校勘之精，注疏之广，都是别本所无法望其项背的。朱谋㙔在郦注的研究中，深校细勘，旁征博引，进行了大量的考据工作，从而促成了我国郦学研究中的第一个学派，即考据学派的诞生。

在朱谋㙔建立郦学的考据学派后不久，明代末叶的郦学家之中，又形成了另一个郦学研究中的词章学派。这是由《水经注》一书在文学上的价值而决定的。前面已经提及诸如张岱、刘献廷等人对于《水经注》一书在景物描写方面的高度评价。这说明，对于郦注作文学上的欣赏，实在由来已久。明代中叶的杨慎，就曾把郦注中的出色描写，摘录成编。[②] 明朱之臣在其《水经注删》一书中，也在词章上下了许多工夫。而最后由万历年代的郦学家钟惺和谭元春二人创立了这个学派。钟和谭都是当时著名的文学家和诗人，由于二人均出于竟陵(今湖北省钟祥县一带)，其文字风格便被称为“竟陵体”，声名不下于以袁宏道为首的“公安体”。《明史·文苑》四说：“钟、谭之名

① 孙潜本《水经注》(以吴琯刊本过录)，浙江图书馆藏。

② 《丹铅杂录》卷七。

满天下”,可见一斑。他们认为《水经注》一书,除了山水描写以外,没有其他价值。谭元春在此本序中说:“予之所得于郦注者,自空濛萧瑟之外,真无一物,而独喜善长读万卷书,行尽天下山水,囚捉幽异,掬弄光彩,归于一绪。”充分表达了这个学派的治郦观点。他们以注笺本为底本,对郦注品词评句,任意发挥,在历来评论郦注词章的学者中,提出了最系统和最完整的见解。他们的研究成果,以后于崇祯二年(1629)由严忍公刊行,即今北京图书馆和宁波天一阁等收藏的所谓钟惺、谭元春评点本《水经注》。对他们的文学观点和对郦注词章的评论,在当时就是褒贬互见的。《明史·文苑》四说:“然两人学不甚富,其识解多偏,大为时人所讥。”这不足怪,在历代词章家中,知识丰富的当然很多,但由于科举取士的束缚(钟是万历进士,谭是天启举人),其中菽麦不辨的也大有人在。上面提及的治郦词章学派朱之臣即是其例。他在卷三十六《温水》经“东南入于郁”注中“昆仑单舸”之下评曰:“舸名新。”[①]说明他不知“昆仑”为何物,竟把它当作一只船的名称,令人啼笑皆非。诸如此类“大为时人所讥”的评论,在钟、谭的研究成果中也间或可见。不过,作为一个治郦学派,特别是他们所研究的这部著作,在文学上确实有很大价值,因此,评论中纵然存在一些糟粕,我们自亦不必求全责备了。

自明末至于清初,郦学研究之风大盛,造诣很深的郦学家纷纷取得了丰硕的成果。在朱谋玮研究的基础上,考据学派在这一时期有了很大的发展。像康熙年代的孙潜(潜夫)、何焯(义门)和雍正年代的沈炳巽(绎旃)等,都在校勘上取得了优异的成绩。孙氏于康熙丁未、戊申(1667—1668)间,以吴琯本

---

① 《水经注删》,北京图书馆藏明刊本。

为底本,用柳佥、赵琦美等著名明钞本进行校勘。他在卷十六末自批云:"岁事卒卒,兼患痔痛,故自(丁未)腊月七日辍笔至今九日,始得续校也。以艰于久坐,止校得此卷,遂复辍"。在寒冬腊月抱疾校勘,辛勤可见一斑。何焯初校此书于康熙甲戌(1694),跋于康熙戊戌(1718),真可谓尽其毕生精力了(按何卒于1722年)。沈炳巽初校此书于雍正三年(1725),历时六年,于雍正九年(1731)才完成其校本《水经注集释订讹》。上述各本,至今均存,都是郦学考据学派的佳作。

此外,在浙东著名的郦学家族全氏,此时也正致力于郦注的校勘。这个家族从全元立、全天柱、全吾麒开始,已经取得了一些研究成果,即所谓双韭山房校本。全吾麒之孙全祖望(谢山),在其祖传校本的基础上继续研究,于乾隆三年(1738)完成了对此书的五校,①以后又完成了此书的七校,②成为郦学考据学派中的一枝奇葩。全祖望在郦学研究中的主要贡献有两项:首先是区分经、注上的成就,宋、明版本上经、注混淆的现象十分普遍,在区分经、注方面,全、赵、戴都有不少贡献,但杨守敬认为全氏实导先路。其次是全氏提出了郦注原系双行夹写、注中有注的说法。不管这种说法的来源确实如全氏所云是他的先世旧闻,抑是全氏自己的推论,都不失为一种创见。赵一清接受了他的说法,在《水经注释》中辨验文义,离析其注中之注,以大细字分别书之,使语不相离而文仍相属。赵氏的尝试,在某些方面说来是成功的。

---

① 今有小山堂抄本,天津图书馆藏,参见拙作《小山堂抄本全谢山五校水经注》,载《杭州大学学报》哲学社会科学版,1989年第4期;又收入于《水经注研究》,天津古籍出版社,1985年出版;又收入于吴天任《水经注研究史料汇编》下册,台湾艺文印书馆,1984年出版。

② 今有光绪十四年薛福成刊本《全氏七校水经注》。

赵一清(东潜)的研究成果《水经注释》,是清代郦学考据学派的一大杰作。他首先深入钻研了朱谋玮的《水经注笺》,评论得失,撰写了《水经注笺刊误》十二卷。然后在朱笺的基础上,参照全祖望五校本和其他许多版本,于乾隆十九年(1754)完成了《水经注释》。此书不仅校勘精密,注疏详尽,而且还从孙潜校本钞录了失传已久的郦氏原序,又广辑散佚,增补了滏水、洺水、滹沱水、洛水、泾水等十二水。全祖望推崇赵氏的郦学研究,为此书作序说:"安定至是始有功臣,而正甫之书,虽谓其不亡可也。"毕沅为此书作序说:"道元之注,足以正经史之阙遗;而先生是书,又足以补道元之讹漏。经不可无注,注不可无释,断断然也。"赵一清在郦学研究中的贡献,于此可见。可惜《水经注释》成稿以后的三十余年中,只以钞本流传,虽然乾隆十九年或许曾有家刊本的刊印,但可能因印数极少,未见流传。[①] 直到乾隆五十一年(1786),才由其子赵载元刊行问世。钞本(或家刊本)流传甚稀,见者亦罕,就难免为他人窃为己有,竟因此而造成清代郦学研究中长期争论的悬案。

稍晚于赵一清的著名郦学家是戴震(东原)。戴震早年就潜心郦学,于乾隆三十七年(1772)完成了他的第一种研究成果,即日后由孔继涵整理副刊的微波榭本《水经注》。戴氏接着奉命于乾隆三十八年秋进入四库馆,主校《水经注》,而于次年(1774)蒇事,并刊行了这一校本即武英殿聚珍版本。此书一出,以前所有的郦注版本均无法与之抗衡,在郦学研究的考据学派中,戴氏因而达到了极高的地位。

① 莫友芝《郘亭知见传本书目》(民国七年上海扫叶山房石印本):"赵一清《水经注释》四十卷,《刊误》十二卷,《附录》一卷,乾隆十九年,赵氏家刻本。"又民国二十年南京国学图书馆排印本范希曾《书目答问补正》与《郘亭知见传本书目》同。

戴震在郦学研究上的造诣是无可置疑的，其研究成果即殿本之胜于它本，也是众所共见的事实，但是作为一个学者，在社会公认的学术道德准则方面，戴氏或许不够检点，因而使这个时期的郦学研究蒙上了一层阴影。戴氏进入四库馆以后，可以随意阅读外间学者所无法接触的许多内库藏书，成为他得天独厚的条件。这中间包括著名的《永乐大典》本，也包括浙江巡抚所呈进的全祖望、赵一清所校各本。本来，在校勘中利用前人成果，这是由来已久的事，而且在全氏五校本和赵氏注释本中，卷首都开列参校书目，已经有了成例。可是戴震却没有这样做，而把他的一切校勘成就，都归之于外人无法窥见的大典本，又恐大典本日后为他人所见，竟至刮补其书以饰其非。[①] 在其校勘案语中，除注笺本因众人皆知不得不指名外，其余各本一律混称"近刻"。而在《沅水注》方城，《泚水注》芍陂，《施水注》成德，《羌水注》参狼谷，《渐江水注》固陵等处各引归有光本以纠"近刻"之谬，而其实均与全、赵本同。故学者以为戴所谓归有光本，亦是虚构以惑众。[②] 王国维云："凡此等学问上可忌可耻之事，东原胥为之而不顾。"或许责人过甚，但是这等事作为后学的鉴戒，却是十分必要的。事详拙作《论戴震校武英殿本水经注的功过》[③]一文中，此处不再赘述。

戴震以后，在清代可以称得上郦学考据学派的学者，有孙星衍、王先谦等人。特别是王先谦，他在三十余年之中，凡是舟车旅途，都以郦注相随，用功之勤，可以想见。他编纂《合校水

---

① 孟森《商务影印永乐大典本水经已经戴东原刮补涂改弊端隐没不存记》，天津《益世报·读书周刊》，1936 年 11 月 12 日。

② 孟森《戴东原所谓归有光本水经注》，天津《益世报·读书周刊》，1936 年 11 月 12 日。

③ 《中华文史论丛》，1987 年第 2,3 合期。

经注》一书，熔郦学各著名考据学派成果于一炉，以便后学，厥功甚伟。但是对于这个学派来说，在全、赵、戴三家勤勉治郦时已经达于鼎盛，此后就无法再和这个全盛时代相比了。

另外，自从清初以来，郦学研究中的另一个学派，即地理学派，已经逐渐酝酿成熟，在郦学界显露头角。明末清初学者黄宗羲，在郦学研究中批判了考据学派和词章学派不务实际的流弊。他说："朱郁仪《水经注笺》毛举一二传写之误，无所发明。"又说："今世读是书者，大抵钟伯敬（按即钟惺）其人，则简朴之诮，有所不辞尔。"他又从地理学角度，指出了郦注的不少错误："以曹娥江为浦阳江，以姚江为大江之奇分，苕水出山阴，具区在余姚县，沔水至余姚入海，皆错误之大者。"[1]所以他撰写了《今水经》一卷，先列表简示全国水道，然后按北水（淮水以北）、南水（江水以南）的次序，简单地描述了全国的重要河川。

黄宗羲以外，清初其他地理学家如顾炎武、顾祖禹、胡渭、阎若璩等，在他们各自的地理著作如《肇域志》、《天下郡国利病书》、《读史方舆纪要》、《禹贡锥指》、《古文尚书疏证》等书中，都密切结合了《水经注》的研究。清初的另一地理学家兼郦学家刘献廷批评了历来郦学研究不切实用时说："《水经注》千年来无人能读，纵有读之而叹其佳者，亦只赏其词句，为游记诗赋中用耳。"[2]刘氏的好友黄仪，曾按郦注，每水各绘一图，并考证两岸支流，一并绘入图内。赵一清称誉此图"精细绝伦"[3]。黄仪的《水经注图》曾为胡渭撰述《禹贡锥指》所参考。

---

① 《今水经序》。

② 《广阳杂记》卷四。

③ 《水经注释》卷首参见书目。

这是见诸记载的第一种《水经注图》，可惜此图早已亡佚，于今无从知其内容。黄仪以后，学者在郦学研究中开始重视地图的绘制。董祐诚的《水经注图说》与汪士铎的《水经注图》均是其例。不过前者编绘未竣，只有《河水》、《汾水》等残稿四卷刊印问世；而后者则粗疏缺漏，无甚可取。直到光绪三十年(1904)，杨守敬与其门人熊会贞，在完成了郦学研究的重要成果《水经注疏》初稿的同时，编绘了《水经注图》一套，全图八册，采用古今对照，彩墨套印的形式，于光绪三十一年(1905)刊行，这是郦学研究史上第一种比较完整的《水经注图》。杨、熊二人都是对地理学有精湛研究的学者，而《水经注疏》初稿的完成和《水经注图》的编绘，标志着郦学研究中的地理学派已经成熟。尽管长达一百多万字的《水经注疏》仍然包含着大量考据成果，杨、熊二人在校勘和注疏上也有重大贡献，但是郦学界已经开始发现，校勘和注疏并不是郦学研究的主要目的。正如陈运溶于光绪二十四年(1898)在《荆州记序》[①]中所说的："近世为《水经》之学者，又皆校正字句，无所发明。"尽管他在这篇序言中批评考据学派的话，如说朱谋玮"语焉不详"，说赵一清"尤觉妄诞"等，未免言之过激，但证实了这一时期地理学派在郦学界的兴起和发展。

作为地理学派代表人物的杨守敬和熊会贞在郦学研究中作出了卓越的贡献。杨于民国四年(1915)去世，临终遗言："《水经注疏》不刊，死不瞑目。"[②]熊会贞继承杨的研究工作，"瞑写晨钞，二十余年如一日。"[③]熊于1936年逝世，在这

① 《麓山精舍丛书》。

② 刘禺生《述杨氏水经注疏》，《世载堂杂忆》，中华书局，1962年版。

③ 《明清两代整理水经注之总成绩》。

以前，全书已经基本定稿。当时曾录有钞本数部，其中两部，已先后于1957年和1971年由北京科学出版社和台北中华书局影印出版。后者由于其底本在熊去世前一直留在身边，朝夕校订，所以与错误千出的北京科学出版社影印本相比，不可同日而语。拙作《评台北中华书局影印本杨熊合撰水经注疏》一文已述其详。现在，段熙仲教授和我合作点校的《水经注疏》已在江苏古籍出版社(1989年)排印出版，此书在开始点校时因不知台北本的出版，故仍以北京本作底本，在点校过程中，始获得台北本，故底本错误已按台北本逐一订正。

《水经注疏》是郦学研究史上《水经注》版本迄今为止的最后一种成果。此书当然也反映了大量的校勘和注疏成果，并且还辑入了不少遗文佚句。但是由于有早年刊行的《水经注图》与之相得益彰，因此，它不宜与其他考据学派的研究成果相提并论，而应该认为是地理学派的巨构。自从《水经注图》与《水经注疏》的相继问世，郦学与地理学进一步密切结合，郦道元和《水经注》对后世的贡献，得到更大的发扬，郦学研究有了更强的生命力，展现了更为美好的发展前途。

二、近代以来的郦学研究

前面已经指出，乾隆年代，是我国郦学研究非常兴旺发达的时代，从此以后，我国郦学界还一直没有出现过像那个时代那样的鼎盛局面。这中间当然有不少原因，第一，乾隆年代出了全、赵、戴三位郦学大师，他们都是郦学考据学派的权威，他们集中精力于郦注的校勘，最后获得前面指出的各自的郦注佳本，其中特别值得称道的是戴震的殿本。殿本的问世，意味着考据学派的登峰造极。此后，考据学派很难再创造出像乾隆年代那样的盛况。第二，殿本问世以后，《水经注》一书已经从一部经注混淆、错漏连篇的残籍走向完璧，虽然尚未恢复宋初足本的面目，但估计已不可能达到。考据学派的历史使命已经基本完成，郦学研究的重心，无疑要向地理学派转移。地理学派有远大的发展前途，肯定也可以创造出像乾隆年代那样的全盛局面。问题是，郦学界的地理学派虽然也在不断壮大，但至今还不足以与考据学派全盛时期的全、赵、戴相比，还有待继续发展。第三，由于郦学界不幸发生了赵、戴《水经注》案的论战，因而分散了许多学者的精力，削弱了郦学研究的力量。

在以上三个原因中，最后一个原因，可能是以后一段很长的时期内，正规的郦学研究几乎陷于停顿的主要原因。这场论战，在我国郦学史上实在是很不幸的。

自从乾隆四十二年（1777）孙沣鼎在《武英殿校本水经注跋》（此本现藏上海图书馆）中提到："吾友朱上舍文藻[①]自四库总裁王少宰[②]所归，为予言，此书参用同里赵一清校本，然戴太史无一言及之。"由此一跋，戴书袭赵的议论实际上已经开始。以后戴震的学生段玉裁提出赵书袭戴，而魏源、张穆又先后撰文揭发戴书袭赵，于是论战大开，事详拙作《水经注戴、赵相袭案概述》[③]一文中，此处不拟多说。但战端开启以后，不仅是考据学派的郦学家纷纷投入这场论战，连杨守敬这样的地理学派郦学家也不免介入，影响了他的正常郦学研究。另一位晚近的著名郦学家胡适，花了他晚年的几乎全部精力，投身于这场论战，但除了在版本搜集上因此而获得空前成就外，

① 朱是杭州仁和人，是赵一清同乡，故以下用"同里"二字。

② 即王杰，曾任四库副总裁，因当时任吏部侍郎，故称"少宰"。

③ 《郑州大学学报》哲学社会科学版，1986 年第 1 期，又收入《水经注研究二集》。

对于郦学本身，其建树实在不足称道。正如寓居澳门的学者汪宗衍所说："唯近人胡适之，晚年专力治郦书版本，极力为东原洗刷剿袭，撰论文函札七十篇，凡数十万言，耗二十余年精力，为兹枝节问题，虽曰求是，实于郦书何干？"[①]事详拙作《胡适与水经注》[②]一文中，此处不作赘述。

在论战热烈的年代里，郦学界虽然文章和函札不断，但大部分都不涉郦学本身。以杨守敬为例，他本来潜心于他的巨著《水经注疏》的撰述，但是由于加入了论战，在许多场合，都把实际上属于郦学史上的枝节问题与他的正规郦学研究相混杂。他在《水经注疏要删》的自序中说："赵之袭戴在身后，臧获隐匿，何得归狱主人？戴之袭赵在当躬，千百宿赃，质证昭然，不能为攘夺者曲护。"另一位著名的历史学家兼郦学家孟森，他毕生发表了不少郦学论文，内容几乎全是有关于赵、戴一案，他花费了许多精力，调查《永乐大典》本《水经注》为戴震所刮补涂改的情况。此外还有许多学者如余嘉锡、郑德坤甚至国外郦学家如日本的森鹿三等，也都介入论战，花时间精力撰写这类论文。在一个时期，论战几乎代替了正常的郦学研究，造成了郦学研究的很大损失。

当然，也有一些郦学家继续从事郦学本身的研究，发表了一些成果，例如范文澜的《水经注写景文钞》(北平朴社，1929 年版)，丁山的《郦学考序目》(中央研究院历史语言研究所《集刊》三卷三期，1933 年版)，岑仲勉的《水经注卷一笺校》(广州《圣心》二卷八、十期，1934 年版，又三卷一、二、七、十一期，1935 年版)，任启珊的《水经注异闻录》(上海启智书局，1935 年版)，汪辟

① 《赵戴水经注小纪》，《水经注研究史料汇编》下册。

② 《中华文史论丛》，1986 年第 2 辑。

疆的《明清两代整理水经注之总成绩》(重庆《时事新报》学灯副刊第六九—七〇期,1940 年版)。这中间,特别值得称道的是熊会贞,他在业师杨守敬逝世以后,继续《水经注疏》的编撰工作达二十余年,“无间寒暑,志在必成”①,“书凡六、七校,稿经六易”②。他在研究中采取了现实主义的态度,撇开历史上纠缠不休的赵、戴相袭之争,继承杨氏地理学派的衣钵,把主要精力放在充实疏文的地理学内容方面。同时,在新的科学思潮的启发下,正视了旧郦学研究的落后一面,而力求刷新郦学研究的内容和方向。虽然他惨澹经营的最后定稿本不幸被人私卖而至今不知下落,他也竟因此而自裁弃世③,但他所留下的几种钞本,仍然闪烁着他在郦学研究中的无比光彩,成为我国郦学研究史上的珍贵遗产。

中华人民共和国建立以后,郦学研究继续获得了发展。这中间,首先值得提出的,是杨守敬、熊会贞合撰的《水经注疏》的早年钞本之一,于 1957 年由北京科学出版社影印出版。尽管此书出版颇嫌匆促,因这个钞本当年钞成后就未经熊会贞校对,以致出版后发现错误千出。郦学家钟凤年从此书出版之日起,即致力于此书的校勘工作,经过二十几年的努力,终于校出了错误二千四百余处,撰成《水经注疏勘误》专文,基本上勘正了这个北京影印本的错误,在一定程度上弥补了这个影印本的缺陷。④ 当然,由于底本经过熊会贞一再修改的台北影印本的出版,钟凤年的辛勤劳动未免可惜,但这是海峡两岸的学术界消息不通所致,对于流传在国内各地的北京影印本

---

① 熊会贞《关于水经注疏之通讯》,《禹贡》第三卷第六期,1935 年 5 月。

② 刘禺生《述杨氏水经注疏》。

③ 参见拙作《熊会贞郦学思想的发展》,载《中华文史论丛》1985 年第 2 辑。

④ 载《古籍论丛》,福建人民出版社,1982 年版。

来说,《水经注疏勘误》应该仍是具有价值的。在北京影印本出版以后,侯仁之教授主编《中国古代地理名著选读》[①],选入了《水经注》的《漯水》、《鲍丘水》、《渭水》等篇,广加注释,并配以地图,受到了各方的重视。我鉴于郦学研究中的地理学派已由杨守敬、熊会贞开其端,今后的郦学研究自然努力向地理学方向发展,所以也撰写了《水经注的地理学资料与地理学方法》[②]一文,以引起郦学界与地理界的注意。

从七十年代后期到八十年代初期,郦学研究获得了进一步的发展,开始是一般性的介绍文字,如曹尔琴的《郦道元和水经注》(《西北大学学报》,1978 年第 3 期),张大可的《水经注》(《文史知识》,1981 年第 6 期)。尽管不是很深入的研究,但对于郦学界以外的广大读者,很有推广和介绍的作用。

对于郦道元的出生年份和籍贯,在前人论述的基础上,也出现了一系列各抒己见的文章,辛志贤的《郦道元籍贯考辨》(《山西大学学报》,1982 年第 2 期),赵永复的《郦道元生年考》(《复旦大学学报》历史地理增刊,1982 年第 2 期),刘荣庆的《郦道元遇难地小考》(《人文杂志》,1982 年第 4 期)等,都属于这一类。这中间,郦氏故乡和受害地址,历来虽有争论而意见基本一致,进一步进行论证,当然仍有裨于郦学研究。致于郦氏生年,历来各家论证甚多,前面已有评述,其实都属于假设。当然,在论证之时,总要旁涉许多其他问题,所以讨论也仍然不无裨益。

论述郦道元思想的论文也有不少发表,谭家健的《郦道元思想初探》(《辽宁大学学报》,1983 年第 2 期)一文,对郦道元

① 科学出版社,1962 年版。
② 《杭州大学学报》自然科学版,1964 年第 2 期。

的长期不为人注意的，甚至是被误解的许多积极的思想和进步哲学观点，进行了阐述；拙作《爱国主义者郦道元与爱国主义著作水经注》（《郑州大学学报》，1984 年第 4 期）一文，则从郦氏在南北分裂的政治环境之中，却以祖国统一的思想撰写此书，并且热忱地赞美祖国各地山水，论述了郦道元的爱国主义思想，并且强调《水经注》一书，不仅在学术上具有重要价值，作为一部宣传爱国主义思想的读物，也值得推广评介。

对于《水经注》本身的研究，这一时期也有较大的发展，章巽教授所撰的《水经注和法显传》（《中华文史论丛》，1984 年第 3 辑）一文，是他长期研究的心得。全文纠正了《水经注》对今新疆境内到印度河、恒河流域这个地区描述中的许多错误之处。另外，辛志贤的《水经注所记水数考》（《北京师范大学学报》，1981 年第 3 期）及赵永复的《水经注究竟记述了多少条水》（《历史地理》，1982 年第 2 辑）等文，都仔细检核了郦注记载的河川湖陂等水体，计算了全书记载的实数。拙作《水经·江水注研究》（《杭州大学学报》，1984 年第 3 期）及《论郦学研究及其学派的形成与发展》（《历史研究》，1983 年第 6 期）二文，都是作者应邀在日本关西大学研究生院讲学时的讲稿。

随着地理学派在郦学研究中的壮大，这一时期中，从地理学角度对《水经注》进行研究的成果有了很大的增加。其中如拙作《我国古代湖泊的湮废及其经验教训》（《历史地理》，1982 年第 2 辑），《水经注记载的植物地理》（《中国历史地理论丛》，1985 年第 2 辑）等文，都是从历史自然地理学的角度对郦注进行研究。又如拙作《水经注记载的兵要地理》（《杭州大学学报》，1980 年第 2 期），《水经注记载的城市地理》（《中国历史地理论丛》，1981 年第 1 辑》），《水经注记载的农田》（《中国农史》，1982 年第 1 期）等文，都是从历史人文地理学的角度对郦注进行研究。

此外,王龙耿的《水经注与内蒙古古地理》[①](《实践》,1980年第12期)和拙作《水经注记载的南亚地理》(《南亚研究》,1983年第3期)等文,则是从历史区域地理学的角度对郦注进行研究。

有关《水经注》版本的研究,在前人研究的基础上,这一时期发表的论文,在横向扩展和纵向深入方面,也获得了可喜的成绩。钟凤年是这一时期继续发表研究成果的老一辈郦学家,他所撰的《评我所见的各本水经注》(《社会科学战线》,1979年第2期)一文,对残宋本、大典本、合校本、注疏本等二十种版本进行比较和剖析,广征博引,对这些版本的是非优劣评述无遗。另一位老一辈郦学家段熙仲所撰《沈钦韩水经注疏证稿本概述》一文,详细地论述了这部从清代流传至今的唯一郦注稿本,让绝大部分无缘读到这部稿本的郦学界同仁也能窥及这部著名稿本的一斑。吴泽的《王国维与水经注校》(《学术月刊》,1982年第11期)一文,不仅详细介绍了王国维在《水经注》研究中的业绩,并且还同时讨论了明清以来的许多郦注版本。《中华文史论丛》1979年第二辑发表了胡适遗稿《水经注校本的研究》,内容包括《再跋戴震自定水经的"附考"》等八篇文字。尽管这八篇文章早已收入于台湾中央研究院胡适纪念馆发行的《胡适手稿》一至六集之中,于1966年至1969年先后公开出版。[②] 但是由于国内郦学界绝大部分学者读不到台湾出版的《胡适手稿》,因此,虽然是重复发表,也仍然不

① 原题如此,但古地理(palaeography)是指第四纪及其以前的地理,与历史地理(historical geography)的概念截然不同。按此文内容实为内蒙古历史地理。

② 《胡适手稿》各集出版年月:第一集,1966年2月;第二、三集,1968年8月;第四集,1968年10月;第五集,1969年1月;第六集,1969年8月;第七、八、九、十集,1970年6月。每集分上、中、下三册,由台湾中央研究院胡适纪念馆出版发行。

无意义。我在郦注版本方面，近年来也发表了几篇论文:《论水经注的佚文》(《杭州大学学报》,1978 年第 3 期)，论述了现存郦注佚文的不同性质，并提出了如何区别对待，把它们归入郦注的主张。《论水经注的版本》(《中华文史论丛》,1979 年第 3 辑)和《小山堂钞本全谢山五校水经注》(《杭州大学学报》,1981 年第 4 期)两文，都是对郦注版本的议论，目的是为了在评述《水经注》各种版本的基础上，能够集中郦学界的力量，编纂出一部更为理想的郦注新版本。至于这种新版本的内容要求，则我在《编纂水经注新版本刍议》(《古籍论丛》，福建人民出版社 1982 年版)一文中，已有较详的论述。和新版本《水经注》的编纂相配合，我又另撰《编绘新版水经注图刍议》(《地图》,1986 年第 2 期)一文。阐述了这本专业郦学图集的主要内容和编绘方法。

这一时期有关郦注版本的另一项收获，是王国维校勘的、以朱谋㙔《水经注笺》为底本的《水经注校》于 1984 年在上海人民出版社排印出版。作为郦学发展史过程中的一种重要版本，此书的出版是有价值的。但是由于标点者的草率从事，以致错误百出，已经受到学术界的许多批评。特别严重的是，在卷首《标点说明》中，竟混说此书曾与聚珍本(按即殿本)作过对校。其实，此书仅在河、济、江、淮、渭、洛、沔七水之中，就比聚珍本多出经文四百七十六条。这四百七十六条，都是由注文混作经文的。这是因为明版本中经、注尚未分清，原不足怪。但标点者竟作出这样的《标点说明》，令人大吃一惊。对此，我已在《关于水经注校》(《古旧书讯》,1989 年第 5 期)一文中提醒使用此书者的注意。

有关郦注版本的较大成就，是段熙仲教授和我合作点校的杨、熊《水经注疏》[1]，已于1989年由江苏古籍出版社出版，我曾为此书写了长篇《说明》，置于卷首。由于除了杨、熊注疏以外，我们又加入了不少有关资料，所以字数超过二百万，分装三册。此书虽然是郦学史上篇幅最大的版本，但是卷帙浩大而售价高昂，不是一般读者的能力所逮。加上另外一些原因，我又单独点校了戴震主校的武英殿本，于1990年在上海古籍出版社排印出版。

我点校殿本的原因，在此本卷首的《前言》中作了说明：

> 在殿本以后出版的所有非殿本系统的郦注版本中，规模最大的当然是《水经注疏》。此书现有北京科学出版社一九五七年影印出版的《水经注疏》和一九七一年台北中华书局影印出版的《杨熊合撰水经注疏》两种版本。段熙仲教授和我已经把北京、台北这两种影印本合二为一，作了点校，并排印出版。此书注疏详尽，在郦学史上无出其右，当然远非殿本可及。但另一方面，此书也具有颇大的局限性，且不必说卷帙浩大，售价高昂，不是一般读者的购买能力所及，作为历史地理学的基础读物和一般科学研究的底本，都用不着如此浩瀚的注疏内容。从高一级的郦学研究来看，在历史学、考古学、碑版学、文献学、目录学等研究方面，《水经注疏》当然具有很高价值，远非殿本可比。但是，郦学研究的深度和广度，如今

---

① 段氏始校此书于二十世纪七十年代之初，当时台北本正值出版，由于消息隔膜，以致浪费了段氏的许多精力；俟我参加此书复校，始把台北本的成果录入此书之中。

已经大大发展，学术界现在还需要利用《水经注》进行自然地理学领域中的地貌学、水文地理学、生物地理学等学科以及人文地理学领域中的城市地理学、人口地理学、农业地理学等学科的研究和诸如生态学、环境学等边缘学科的研究，《水经注》拥有这类内容的大量资料，但杨、熊的注疏纵令详尽，却也满足不了在这些领域中从事研究的需要。对于从事这类研究工作的学者，庞大的注疏本起不了什么作用，显然不如采用殿本作为底本的省事。总之，从郦学发展史的观点来看，殿本是目前存在的最完整和标准的版本；从一般阅读和科学研究的实用观点来看，殿本是郦注问世以来的最普及和通行的版本。因此，尽管殿本的问世已有二百多年，但现在对它重加点校和排印，仍然是具有现实意义的，也是广大读者和科学工作者所十分盼望的。

在利用《水经注》从事科学研究时，选择版本是重要的前提，否则不仅工作事倍功半，而且还会造成错误。谢鸿喜从事《水经注》山西资料研究的过程中，就发生了这样的事故。他研究《水经注》记载的流经今山西省境内诸水，把注文中出现的所有地名加以注释。由于郦注记及的今山西省河流很多，所以研究工作量相当大。在他开展这项研究工作之始，恰逢王国维《水经注校》点校本排印出版，他随即以此书作为工作底本，却不知自此就陷入泥淖。一直要到工作完成，山西人民出版社把他的这项成果《水经注山西资料辑释》的校样请我审阅并作序之时，我才发现了这种情况。但是由于纸型已经制成，无法进行大改。该书中把许多注文作为经文，又有不少的衍文和遗漏。由于作者的工作是把一切地名进行注释，经文中出现的地名也同样注释，这样，以注作经的部分就只好不予改动，而衍文和错误中涉及地名的就不得在纸型上进行挖补。此书于1990年出版。我在此书序言中提到：

> 因为，作为作者工作底本的王国维《水经注校》，是一种经注混淆的明代旧本……，初读郦书者不明渊源底细，引用此书写作文章，却不知此书的许多错误。仅开首《河水》五卷，把注文误作经文的就达二百余条，此外还有大量的衍文和遗漏。

当然，经过作者认真的修改，在纸型上作了许多挖补以后，在此书的主要目的，即地名解释方面，最后获得成功。所以我在序中又说了这样一段：

> 山西省的这项工作，是在没有一种理想的郦注版本而不得已用旧本权充的情况下完成的。作者除了繁重的释地工作以外，还需要努力克服版本的缺陷，改正版本的错误，以免因版本的原因遗漏地名或造成地名的其它错误。现在看来，作者的工作是成功的。可以设想，他为此而付出了更多的劳动。

在郦学书评方面，我所撰写的主要有《评森鹿三主译水经注（抄）》及《评台北中华书局影印本杨熊合撰水经注疏》二文，分别发表于《杭州大学学报》1981年第四期和1983年第一期，前者又全文译载于日本关西大学出版的《史泉》1982年第五十七号。我评介此二书的主要目的，是为了让国内无法读到此二书的绝大部分郦学界同仁能够了解我国大陆以外的郦学研究概况。以免再蹈前面已述的如钟凤年、段熙仲等老一辈郦学家花费大量精力的重复劳动。此外,这一时期,随着郦学研究的发展和郦学论著的增加,郦学书评也增加很多,例如赵新德在《古籍整理与研究》(全国高等院校古籍整理研究工作委员会主办,上海古籍出版社出版)1986、1987年各期中连续刊载的《水经注校标点疑误》,纠正了上述草率点校的王国维《水经注校》的大量标点错误。靳生禾在《华东师范大学学报》1985年第三期所发表的《水经注经注出自郦氏一手吗?》,针对王成组《中国地理学史(上册)》(商务印书馆,1982年版)中所提出的:"从《水经注》的内在特征来衡量,《经》与《注》可能本是郦氏一家之言",进行了认真的驳正。此外如王守春的《水经注研究的重要进展》(《河南大学学报》,1988年第3期),靳生禾的《评水经注研究》和《评陈桥驿水经注研究二集》(分别发表于《河北师范大学学报》,1987年第3期,《杭州大学学报》,1989年第2期),周湜的《评陈桥驿的水经注研究》(《地理研究》,1987年第2期)等,由于这类书评甚多,不一一列举。

除了郦学书评以外,对于郦学研究动态的评介,近年来也已引起郦学界的注意,王国忠发表于《中国史研究动态》1984年第十一期的《近年来水经注研究述略》一文,就是这方面的一篇值得重视的文章。他结合近年来我国郦学研究的成果,加以归纳和分析,勾画出这一时期中我国郦学界的概貌和动态,这样的文章,对总结和推动当前的郦学研究是很有作用的。

在这一时期中,利用《水经注》的记载作为各门学科如历史学、地理学、考古学等方面研究数据的,为数也很有增加。前面已经介绍了史念海对黄河壶口瀑布的研究，利用《水经注》的记载，计算黄河这一河段的溯源侵蚀。陈吉余也利用《水经注》从渤海到黄海沿岸的记载，研究中国古代海岸线的变迁。[①] 吴壮达则根据卷三十七《泿水注》的记载，研究古代广州的建城历史。[②] 此外，盖山林根据卷三《河水》经“又北过北地富平县西”注：“河水又东北历石崖山西，去北地五百里，山石之上，自然有文，尽若虎马之状，粲然成著，类似图焉，故亦谓之画石山也。”又同卷经“至河目县西”注：“（河水）东流迳石迹阜西，是阜破石之文，悉有马鹿之迹，故纳斯称也。”发现和研究了阴山岩画。[③] 林参则根据《水经注》对于各地温泉的记载，研究了我国对温泉利用的历史。[④] 这类例子为数更多，不胜枚举。

上面简述了我国近代以来的郦学研究概况，特别是二十世纪七十年代后期起，郦学研究开始得以较大的发展，研究成果有了明显的增加。我国郦学界和其他学术界，正在利用郦道元留给我们的文化财富，从各个领域进行研究，在广度和深度方面，都比以往的研究成果有了较大的提高，尤其是在地理学研究方面，显得更为出色，展示了郦学地理学派的成长和壮大。可以预见，郦学研究在我国将要获得更大的发展。

---

① 谭其骧、史念海、陈桥驿主编《中国自然地理·历史自然地理》（科学出版社，1982 年版）第五章《历史时期的海岸变迁》。

② 《水经注的水坑陵问题》，《华南师院学报》自然科学版，1980 年第 2 期。

③ 《举世罕见的珍贵古代民族文物——绵延二万一千平方公里的阴山岩画》，《内蒙古社会科学》，1980 年第 2 期。

④ 《中国温泉利用史略》，《百科知识》，1982 年第 2 期。

三、港、台郦学研究

香港和台湾这些年来在郦学研究方面，成绩颇有可观，已经发表和出版了一批重要的研究成果。在香港，郦学界以郑德坤、吴天任二氏为代表人物，二人都是我国著名的郦学家。早在三十年代之初，洪业（煨莲）在燕京大学筹组哈佛燕京学社引得编纂处，郑德坤就是成员之一，他在民国二十三年（1934）就用所谓“中国字庋撷法”编成了《水经注引得》一书，并在卷首撰写长篇序言，在当时北平的哈佛燕京学社出版。①至今国内不少图书馆尚有收藏。郑氏于1951年从香港到英国剑桥大学讲学，临行曾将他历年所撰《水经注》著述的稿本多种，交与吴天任收藏，其中《水经注引书考》和《水经注故事钞》二种，经吴氏整理后于1974年在台北艺文印书馆出版。前者考证郦注所引书目，共四百三十六种，其中今存者九十一种，辑存者一百四十九种，引存者一百二十七种，亡佚者六十九种。各书或存或佚，均经郑氏考证其著述流略、作者、卷帙等。卷首有郑氏于民国二十五年在厦门执教时所作序言。后者系钞录《水经注》中记载的各类故事，计分神仙鬼怪、帝王传说、名人故事、战争故事、动物故事、灵验感应、义侠孝弟、异族故事、佛教传说、祈雨故事、德政故事、名山古迹等十二类，每类各有子目，全书共五百零五目。此书各文早于1942年在《华文学报》刊出，后于1963年由东南亚研究所重刊，最后才由艺文印书馆出版。卷首有吴天任所撰序言。

郑德坤的另一稿本《水经注研究史料初编》，由吴天任整

① 参阅拙作《郑德坤与水经注》，载《中国历史地理论丛》1990年第3辑。

理，作为《水经注研究史料汇编》上册，于 1984 年由台北艺文印书馆出版。此书卷首有郑氏于民国二十四年在厦门大学所写序例，全编收入郦学史料共七十八篇，包括宋、元、明、清各代所有《水经注》版本的评述以及历来有关郦注研究的重要著作，如储皖峰的《水经注碑录附考》、范文澜的《水经注写景文钞》、森鹿三的《水经注所引文献之研究》、熊会贞的《关于水经注疏之通讯》等等，这些多是早期郦学研究中具有重要价值的文献。

郑氏关于郦学研究的另外一些论著，收入于 1980 年香港中文大学出版社出版的《中国历史地理论文集》（中国文化研究所、中国考古学术研究中心集刊之一），集中包括《水经注版本考》、《禹贡川泽变迁考》、《水经注引得序》、《水经注书目录》、《水经注赵戴公案之判决》等文，所有这些论文，也都是郑氏三十年代的著作。

以上所列的郑氏从七十年代到八十年代在台湾和香港重版的著作，其实都是他的旧作。现在我们看到的新作，是他于 1984 年撰于香港中文大学的短文《重编水经注图总图跋》，收入于吴天任纂辑的《水经注研究史料汇编》下册。由于此文之撰，我们得知郑氏曾在三十年代初期，以杨守敬《水经注图》旧例，重新编绘了《水经注图》。其图分总图和分图两种，分图已在哈佛燕京学社遗失，而总图由于当时曾复绘一幅藏在郑氏身边，所以至今尚存。郑氏在此文末尾云："今吴君增编《水经注研究史料汇编》，拟将此图影印制版于卷首，与若干《水经注》版本并列。"但现在我们见到的《水经注研究史料汇编》下册之中，并无此《水经注总图》及若干《水经注》版本的影印插页，恐为出版者所省略，殊属可惜。

寓港郦学家中近年来著述最多的是吴天任，他潜心郦学研究，数十年于兹，所以成绩卓著。他于 1974 年在台北艺文印书馆出版了他的郦学巨著《杨惺吾先生年谱》。这部近五百页的巨构，包括三个部分的内容，搜罗堪称宏富。第一部分为《杨惺吾先生年谱》，从杨氏出生之年（清道光十九年，1839）起，按年记载其有关事迹，旁征博引，资料务求详尽。值得称许的是，吴氏所编此年谱，并不拘泥于我国历来人物年谱的传统格局，而是有他独特的创新。即在民国四年（1915）杨氏物故以后，年谱并未中辍，而是从“先生卒后一年”（1920）起，择郦学研究中有重大事件发生的年份赓续作谱，直到 1971 年《杨熊合撰水经注疏》在台北中华书局影印出版为止，其间吴氏一共赓续了十八个年份，其中较重要的有：“先生卒后三年（1918）”：“日人小川琢治著《水经与水经注》一文”；“先生卒后二十年（1935）”：“《永乐大典》本《水经注》，本年由商务印书馆涵芬楼出版”；“先生卒后二十五年（1940）”：“汪辟疆《明清两代整理水经注之总成绩》，刊于渝版《时事新报·学灯》第六十九至七十期”；“先生卒后四十二年（1957）”：“科学出版社将贮于大陆之《水经注疏》清写本影印出版，是为全疏正式面世之始”；“先生卒后五十一年（1966）”：“胡适之遗著《胡适手稿》第一集出版，由中央研究院胡适纪念馆发行”；“先生卒后五十六年（1971）”：“台北中华书局商借中央图书馆藏《水经注疏》最后修订本影印出版，定名为《杨熊合撰水经注疏》”。

吴氏所赓续的杨守敬死后郦学界所发生的大事中，当然并非全无错误和遗漏，例如在“先生卒后十五年（1930）”的记载中说到：“日人森鹿三，欲得先生之《水经注疏》稿，以熊崮芝覆审将成，四月，遣松浦嘉三郎走武昌求之，不获，又两谒，许以重金，乞写副，崮芝以大夫无域外之交，固拒之，卒不为夺。”

吴氏的这段文字显系从汪辟疆所撰《杨守敬、熊会贞合传》[①]中录入，与事实并不相符。事实是，森鹿三当年曾从熊会贞处获得了《水经注疏》钞本一部，现藏京都大学人文科学研究所，我在日本讲学期间曾目睹此书，其始末已在拙作《关于水经注疏不同版本和来历的探讨》[②]一文中详叙。又如"先生卒后二十一年(1936)"的记载："五月二十五日申时，熊崮芝卒于武昌西卷棚十一号住宅，年七十八，子心赤。卒前以《水经注疏》稿付其弟子枝江李子魁，手写补疏遗言，嘱续整理之业，而助未竟之功。"这中间，关于"卒前以《水经注疏》稿付其弟子枝江李子魁，手写补疏遗言，嘱续整理之业"云云，乃是李之魁的一面之词，不仅"遗言"字样为李所妄加，而且李为了自己的目的，大肆窜改熊氏所写的内容。此种情况，现在已经基本查清，在拙作《关于水经注疏不同版本和来历的探讨》及《熊会贞郦学思想的发展》[③]等文中有所阐明。另外，由于吴氏对杨守敬孙子杨先楙(勉之)私售定稿本和熊氏自裁的经过不甚了解，所以把台北本称为"最后修订本"。其实，熊在杨死后继续《水经注疏》撰述二十余年中"稿经六易"。今北京和台北影印本底本，都是熊"六易"过程中的弃稿。当然，台北本底本因为钞成后一直留在熊身边，曾得到他的不断修改和补充，直到他最后决定另立新稿而放弃此稿为止。所有这些，拙作《关于水经注疏不同版本和来历的探讨》一文中已述其详。

吴氏在他赓续中的最大遗漏是杨守敬卒后四十九年到五十五年(1964—1970)，这期间，日本著名郦学家森鹿三主持了

---

① 《国史馆刊》创刊号，1947 年版。

② 《中华文史论丛》1984 年第 3 辑，收入于《水经注研究二集》，又收入于江苏古籍出版社点校本《水经注疏》卷末。

③ 《中华文史论丛》1985 年第 2 辑。

京都大学人文科学研究所的《水经注疏》订补研究班，在这个研究班的基础上，出版了日译本《水经注（抄）》。[1] 这是《水经注》第一种比较完整的外文译本，其翻译主持人又和熊会贞有过交往。因此，这是郦学界的一件大事，是应该写入《年谱》的。

《杨惺吾先生年谱》的第二部分是《水经注疏清写本与最后修订本校记》。前者指的是北京本，后者则是台北本。在熊氏"稿经六易"的过程中，台北本的底本，与被杨先楙私售的最后定稿本最为接近，所以台北本当然要比早期钞录的北京本好得多。关于这方面的问题，我在拙作《评台北中华书局影印杨熊合撰水经注疏》、《熊会贞郦学思想的发展》等文中已有较详说明。吴氏将此两本的字句差异，逐一对照排比，此事是花了很大精力的。对于大陆上难得读到台北本的多数读者，得此一编，就等于获得了十八册的台北影印本，所以也是很有贡献的。

此书的第三部分是《杨惺吾先生著述及辑刻图书表》。杨氏毕生力学，著述宏富，学者历来有所考录。吴氏此表，当是集其大成。不过吴氏在此表卷首《小引》中指出，对于前人在这方面的考证，吴氏尚未见到朱士嘉的《杨守敬著述考》、王重民的《杨惺吾先生著述考》以及日本学者冈井慎吾的《杨惺吾先生著述考补正》等文，则内容或许尚有遗漏，再版时，如能与上述各书参校一次，使此表能更臻完备。

吴天任在郦学研究中的另一重要著述是1984年在台北艺文印书馆出版的《水经注研究史料汇编》。此书分上、下二册，上册已在前面有关郑德坤的著述中介绍，系郑德坤所纂辑。下册则系吴氏所纂辑，其内容多于上册达二倍半以上。吴

① 东京平凡社1974年初版，1977年五版。

氏在此编中收录了郦学史料共一百七十八篇，包括近代著名郦学家杨守敬、熊会贞、森鹿三、孟森、郑德坤、汪辟疆、钟凤年、胡适等的论文和往来信札等等。大陆郦学家近年来所发表的如段熙仲的著述和拙作等，也多被收入在内，可谓集其大成。而最后刊有吴氏本人的论文八篇，其中《水经注疏最后订本易水、滱水篇中列举全赵戴校字相同之例证》、《清代学者整订水经注之贡献与全赵戴案之由来》、《胡适手稿论水经注全赵戴案质疑》三篇，都是功力甚巨而过去未曾发表过的论著，所以弥感珍贵。

吴天任在郦学研究中的最新成果是1991年在台北艺文印书馆出版的《郦学研究史》。此书资料丰富，内容完备，从自然景观、人文掌故、学术文教、地名解释、歌谣谚语、文学观点等各个方面，阐述郦学研究的发展，最后又以《水经注研究之新方向》一章作为总结，以雄辩的例证，指出了今后郦学研究的六项具体任务：一、重编《水经注》新版本；二、编纂《水经注》词典；三、重制《水经注》地图；四、利用水经注地理学资料作实用研究；五、大专院校开设《水经注》研究专课；六、《水经注》索引之推广。

吴氏列举的上述六项，确是郦学研究的当务之急，值得引起郦学界的重视。

现在再来看看台湾近年来的郦学研究概况，这中间，最重要的成果之一，当然是《杨熊合撰水经注疏》于1971年在台北中华书局的影印出版。由于熊会贞当年的最后定稿本被人私售而至今不知下落，所以台北本的底本是熊氏“稿经六易”过程中最接近其定稿本的本子，因此，此书的影印出版，在郦学研究史上具有重要的意义。

台湾在郦学研究中的另一重要成果是《胡适手稿》从

1966年起的陆续出版。《手稿》共有十集，每集分成三册，共三十册，其中一至六集共十八册，全是有关《水经注》的内容。从第七集到第十集，除了第九集下册的一篇《采旅，采稆，采穞》是有关郦学的论文以外，其余无关郦学，可以不论。

胡适在其撰于1960年的《评论王国维先生的八篇水经注跋尾——重审赵戴水经注案的一次审判》(《胡适手稿》第六集下册)中说："我是从民国三十二年(1943)十一月开始研究一百多年来的所谓'赵戴水经注案'(又称全赵戴三家水经注案)的一切有关证件，到于今已经十六、七年了。"所以胡适在他一生中的最后二十年时间，在学术研究方面，主要的精力都花在《水经注》研究上面。但是他的研究目的十分明确，就是重审赵戴《水经注》案。正如他的学生费海玑在《胡适著作研究论文集》①中所说："胡先生研究《水经注》的动机，却不是去治地理学，而是辨别戴震窃书的是非。"对于胡适的郦学研究，我已撰有《胡适与水经注》一文详加评论，此处不必细述。但《手稿》一至六集所搜罗的丰富内容，在此可约略介绍：

第一集(分三册、五卷)：《水经注》案中的戴震部分。重要的论著有《戴震对江永的始终敬礼》，《戴震的官本水经注最早引起的猜疑》，《戴震未见赵一清水经注校本的十组证据》、《真历史与假历史》等。其中《戴震未见赵一清水经注校本的十组证据》一文，是胡适在重审这个案子上费力最大和最重要的论文。这一集收入的信札主要有《与魏建功书》、《与钟凤年先生讨论水经注疑案的一封信》、《杨联陞来信》等。

第二集(分三册、三卷)：《水经注》案中的全祖望部分。重要的论著有《全氏七校水经注四十卷的作伪证据十项》、《证明

① 台北商务印书馆，1970年版。

全校水经注的题辞是伪造的》、《伪全校本诬告沈炳巽并且侮辱全祖望》、《赵一清与全祖望辨别经注的通则》等,其中《全氏七校水经注四十卷的作伪证据十项》和《证明全校水经注的题辞是伪造的》等文,是胡适在重审《水经注》案中另外两篇费力极大和极重要的论文。这一集收入的信札主要有《岑仲勉的来信》、《林颐山遗札(顾廷龙影抄)及其它有关材料》等。

第三集(分三册、五卷)与第二集同,也是《水经注》案中的全祖望部分。重要的论著有《记全祖望的五校水经本》、《上海合众图书馆有叶揆初先生收藏的全谢山水经注校本三种[有题记]》、《赵一清水经注释的校刻者曾用戴震校本校改赵书吗?》、《跋全谢山赠赵东潜校水经序》等。这一集收入的信札主要有《胡适顾起潜讨论水经注的通信》等。

第四集(分三册、二卷):论述《水经注》的各种版本。重要的论著有《水经注版本考》、《黄省曾刻水经注的十大缺陷》、《我的三柜水经注目录》、《史语所藏的杨希闵过录的何焯沈大成两家的水经注校本》。这一集收入的信札主要有《与钟凤年先生讨论水经注的四封信》等。

第五集(分三册、三卷):关于自张穆到孟森等几家对戴震的指控的评论。重要的论著有《平定张穆赵戴水经注校案》、《跋杨守敬论赵戴水经注案的两札》、《考据学的责任与方法》、《孟森先生审判水经注案的错误》等。这一集收入的信札主要有《陈垣先生来信》、《答陈垣先生》、《论杨守敬判断水经注案的谬妄——答卢慎之先生》等。

第六集(分三册、四卷):与洪煨莲(业)、杨联陞讨论《水经注》案的信札以及对王国维等指控戴震的评论。重要的论著有《评论王国维先生的八篇水经注跋尾》、《丁山郦学考序目》、《水经注考》、《试考水经注写成的年岁》等。这一集中与洪、杨的往返信札占了很大篇幅，并有影印的全祖望、赵一清和戴震的手迹。

前面已经指出，胡适的郦学研究，目的是为了重审赵戴《水经注》案。他于 1952 年在台湾大学文学院演讲，开宗明义就说："我审这个案子，实在是打抱不平，替我同乡戴震（东原）申冤。"（《水经注考》，《手稿》第六集下册）

胡适在其重审工作中先后发表的论文，遭到港、台学术界许多反驳。这类反驳的文章甚多，下面只举杨家骆的一个例子。由于戴震声称殿本的校勘成果得之于当时只有他能见的大典本。但后来大典本公之于世，人们拿殿本与大典本核对，才知戴震实系谎言。杨家骆针对胡适的重审，以赵本、殿本、大典本、杨熊注疏本四本，选《水经注》全书篇幅最小的卷十八《渭水注》作为对勘对象。将对勘结果，撰成《水经注四本异同举例》一文，发表于 1962 年在台北出版的《学粹》第四卷第五期。其中最重要的一段说：

> 统计在异文一百十处中，除杨本异文无与赵戴争端外，大典、戴校、赵释三本有异同者凡九十处：其中戴同于赵者四十三处，戴同于大典十二处，戴异于二本者卅一处，三本互异者四处。倘复就赵氏校释中谓应作某者考之，凡戴异于赵，亦多阴本于赵氏校释之说，则戴之不忠于大典而复袭于赵，固至显然也。

杨家骆的这个抽样调查具有很大的说服力，在港、台学术界极有影响。台湾学者于大成在看了这个抽样调查后，不胜感慨地说："因悟前人谓戴氏阴窃全祖望赵一清书，而托于大典以掩其迹之说，堪为定谳。”[①]

在大陆上的学者，由于对海峡彼岸的学术动态缺乏了解，偶然看到几篇《胡适手稿》的文章，或者是胡适的学生如费海玑的《胡适著作研究论文集》之类，有人就写起文章来。说胡适对赵戴《水经注》案，“进行了全面的考证，此案一百多年来几乎已成定案，现在他用了千百个证据，把这个诬告案子昭雪了。他认为戴没有抄袭赵的书，也没有抄袭全的书，而是赵家的人抄袭戴的书。”我国史学界的老前辈杨向奎教授看到这样的议论大为吃惊，立刻写信给我：“希望你出头说一下以澄清是非。”我已经在《光明日报·史学》(1987 年 1 月 14 日)上写了《关于胡适传中涉及水经注问题的商榷》一文，说明了事实的原委。从这件事中也说明了，我们有必要对港、台的郦学研究增加一些了解。

胡适在郦学研究上的主要目的，即为戴震申冤的所谓重审工作，当然没有达成。但他在郦学史上还是作出了不小的贡献。例如，他在郦学研究中十分强调版本的重要性，所以他一开始就广泛地搜罗各种《水经注》的刊本和钞本。他曾于 1948 年 12 月在北京大学举办了一次《水经注》版本展，展出了九类《水经注》版本：计有甲，宋刻本；乙，明钞宋本；丙，明刻本；丁，清代校刊朱谋玮笺本；戊，清早期重要版本；己，十八世纪四大家之一沈炳巽各本；庚，十八世纪四大家之二赵一清各本；辛，十八世纪四大家之三全祖望各本；壬，十八世纪四大家之四戴震各本。以上九类，共达四十一种之多。[②] 他无疑是郦学史上搜罗版本最多的学者。另外，《胡适手稿》前六卷十八

① 《理选楼论学稿》，台湾台北学生书局，1979 年版。

② 《我的三柜水经注目录》，《胡适手稿》四集中册。

册之中，除了他自己的文章以外，他还把他和别人讨论郦学的往来信札以及这一时期中其他学者的郦学文章都搜罗在内，要不是他的搜罗，其中不少文章显然是会被散佚的。在《手稿》中，胡适写了大量考证文章，除了替戴震申冤的那些考证劳而无功以外，其他还有不少考证，特别是对各种版本的考证。无疑是有裨于郦学的。因此，胡适是一位很有贡献的郦学家。

四、国外郦学研究

清代末叶，西欧汉学家已经开始了他们对《水经注》的研究。法国汉学家沙畹(Edouard Chavannes)在其所著《魏略所见之西域诸国考》一文中，将《水经注》卷二《河水注》译成法文，作为其论文的附录，刊于1905年的《通报》(Toung—Pao)之中，这是《水经注》译成外文的嚆矢。沙畹在译文之前写了一段小小的引言，对《水经注》作了简略介绍。

> 《水经注》系郦道元善长的作品，郦氏死于公元527年(见《北史》卷二十七本传)。《水经注》为研究古代地理最重要之史料，惜讹误迭见。其校释诸本，赵一清一七五四年所著者为最佳本之一。赵氏以注中有注，其书刊刻遂以大字为注，小字为注中之注。此种办法颇能使语气一贯，然以大小字分别实有造作之嫌，而失郦书本来面目，盖注中之注，原亦郦氏著作也。余所译者系据一八八〇年赵一清刻本(卷二，页四至六、九至十)，以二星(*)注大字，以一星注

小字。[①]

另外一些汉学家，他们从各方面考证《水经注》的成书年代，伯希和(Pual Pelliot)在其《交广印度两道考》(商务印书馆冯承钧译本第48页)一书中说到："六世纪初年撰之《水经注》。"费琊(G. Ferrand)在其《昆仑及南海古代航行考》(商务印书馆冯承钧译本第3页)一书中指出："五二七年，郦道元撰《水经注》。"又有一些汉学家，则利用《水经注》记载的丰富资料，从事今越南沿海的历史地理学的研究。例如法国汉学家马伯乐(Henri Maspero)，他仔细地研究了卷三十六《温水注》的内容，论证说："《水经注》卷三十六所志六世纪初年之林邑都城得为十世纪之因陀罗补罗。"[②]鄂卢梭(L. Anuouseau)在其著作《占城史料补遗》中，认为："前次所提出之区粟城在承天府西南，同林邑古都在荼荞，两种假定，可以互相证明，迄今尚未见到何种反证。……不过要作此种研究，必须将《水经注》卷三十六之文，连同其注释详加鉴别，其结果时常可以阐明细节。"[③]英国著名科学史专家李约瑟(Joseph Needham)在其名著《中国科学技术史》中，也把《水经注》列为常用参考书，他认为《水经注》一书是"地理学的广泛描述"。这种论断是符合实际的。

在日本，学者对《水经注》的研究已有较长的渊源。早在1918年，著名汉学家小川琢治就撰写了《水经与水经注》一

---

① 据郑德坤译文。

② 《宋初越南半岛诸国考》，载冯承钧译《西域南海史地考证一编》，中华书局版。

③ 《占城史料补遗》，载冯承钧译《西域南海史地考证二编》，中华书局版。

文，对此书作了全面的介绍和很高的评价，发表于该年的《艺文》第六、九两期，以后又收入于《支那历史地理研究》初集（弘文堂书房，1928 年版）。接着，森鹿三在《东方学报》连续发表了一系列郦学研究成果。宫崎市定则于 1934 年在《史学杂志》四十五卷七期发表了《水经注二题》的论文。和西欧的汉学家一样，足立喜六也考证了郦注的成书年代，他在《法显传考证》一书中论证说："故知法显之书，成于义熙九年归至建康迄至翌年甲寅之间，……《法显传》撰述后，约在百十年之后，北魏郦道元所著之《水经注》卷一、卷二辄引之。"[①]日本学者根据《水经注》资料从事各种学术研究的，历来非常普遍，例如著名汉学家藤田丰八在其《西域研究》（中译本，杨炼译，商务印书馆版）一书中，对于扜泥城和伊循城的地理位置的探索以及焉支与祁连的研究等等，都把《水经注》的记载作为重要依据。

在日本历来的郦学家中，最著名和成就最大的是森鹿三。他毕生从事郦学研究，早在 1931 年，就发表了他的第一篇郦学论文《水经注所引之法显传》，以后他连续发表了一系列郦学研究的成果，兹开列如下：

1931 年

1.《水经注所引之法显传》，《东方学报》（京都）第一册；

2.《关于戴校水经注》，《东方学报》（京都）第三册（有郑德坤译文，载《地学杂志》民国二十五年（1936）第一、二、三期）；

1934 年

3.《关于十道志所引之水经注》，《东方学报》（京都）第四册；

---

① 中译本，何健民、张小柳合译，国立编译馆，1937 年版。

1936 年

4.《关于最近的水经注研究——特别谈郑德坤的成绩》,《东方学报》(京都)第七册;

1941 年

5.《郦道元传略》,《东洋史研究》第六卷,第二号;

1950 年

6.《水经注所引之史籍》,《羽田博士颂寿纪念东洋史论 丛》;

1958 年

7.《杨、熊二氏的水经注疏》,《书报》七月号(极东书店出版);

1970 年

8.《东洋学研究・历史地理篇》,《东洋史研究会刊》;

1974 年

9.《水经注(抄)》(合译,附内容简介),《中国古典文学大系》第二十一卷,(平凡社出版)。

前面已经指出,森鹿三早年曾从熊会贞处获得《水经注疏》钞本一部。我曾于 1983 年亲自到收藏此书的京都大学人文科学研究所阅读了此书,如我在拙作《水经注疏不同版本和来历的探讨》一文中所描述的:“钞本分装四函,共四十册,有京都大学藏书章。每册卷首均有毛笔正楷‘森鹿三寄赠’六字。全书字迹端正,虽与北京、台北二本并非同一书手,但体例、格局与二本无异,其为同一时期钞录之副本,可以无疑。”

森鹿三获得这部《水经注疏》钞本,当然在二次大战以前,当时,这种钞本流传极稀,除熊会贞本人外,在国内拥有此钞本的个人只有汉口的徐行可一人,此钞本后来成为北京本的底本。因此,森鹿三获得此一钞本,对他的郦学研究无疑有极大帮助。二次大战以后，他三次出任京都大学人文科学研究所所长，除了已发表上述许多郦学论文外，他以这部钞本为基础，于1964年到1970年在京都大学人文科学研究所举办了为期长达六年的《水经注疏》订补研究班，网罗全国的郦学家和他的学生，从事郦学研究，每周由他亲自主持一次会读，对《河水》、《汝水》、《泗水》、《沂水》、《洙水》、《沔水》、《淮水》、《江水》等篇，进行了逐字逐句的讨论和分析。经过这样深入细致的数年集体研究，森鹿三又领导了《水经注》的翻译工作。翻译的过程是非常认真慎重的，以《河水注》五卷为例，首先由森鹿三和其他学者进行对原文的集体钻研和反复讨论，然后由大阪大学的日原利国教授译成日语古文，最后再由藤善真澄和胜村哲也两位教授从日语古文译成现代日语。《河水注》以外的其余部分，主要由另一位著名郦学家，京都大学名誉教授日比野丈夫所译。森鹿三本人还在译文的卷末写了详细的《水经注解释》一文，介绍了郦学的主要渊源及其发展。最后于1974年在东京平凡社出版了这部日译节本《水经注(抄)》。虽然并非全译本，内容只及《水经注》全书的四分之一，但已经可算是此书历来第一部比较完整的外文译本了。而且译文信达，注释详尽，受到学术界的好评。我国科学史专家胡道静先生曾在他所撰《谈古籍普查和情报》[①]一文中称道这个译本的完善。我也为这个译本撰写了《评森鹿三主译水经注(抄)》一文，充分肯定了译本的成就，同时也求全责备，提出了几点意见。我的书评原来发表在《杭州大学学报》，后来又由在关西大学听我讲郦学课程的韩国籍博士研究生金秀雄君译成日文，刊于关西大学出版的《史泉》。

① 《历史研究》，1983年第4期。

森鹿三于1980年去世,为了纪念他毕生在郦学研究中的卓越贡献,奈良女子大学教授、森鹿三的学生船越昭生,特地撰写了《森鹿三先生和水经注研究》一文,在日本的著名刊物《地理》1981年第三期发表(中国有译文,载于《历史地理》第三辑)。由于森鹿三等老一辈郦学家的倡导,日本的郦学研究,至今仍很可观,并且已经逐渐扩大了影响。日本文部省教科书调查官山口荣,也连续撰写了两篇题为《胡适与水经注》的论文,在1981年的佐藤博士还历纪念《中国水利史论集》(东京国书刊行会出版)和1984年佐藤博士退官纪念《中国水利史论丛》(东京国书刊行会出版)发表。广征博引,详细地评述了胡适的《水经注》研究,特别是他在版本方面的成就。山口荣在1981年《论集》的文末指出:

> 陈桥驿氏最近发表了《论水经注的版本》的论文(《中华文史论丛》,1979年第3辑),论文指出,鉴于《水经注》史料的重要性,所以编纂一部具有现代郦学水平的《水经注》新版本,实为当务之急。(我认为)胡适对《水经注》版本的孜孜考证,对新版本的编纂当能有所裨益。

山口荣的意见是正确的,胡适对《水经注》各种版本的考证,应该认为是他在郦学研究上的最大贡献。在未来的《水经注》新版本的编纂工作中,必然会吸取他的研究成果。

在大学本科和研究生中开设《水经注》研究的课程,这也是日本重视郦学和培养郦学接班人的有效措施。例如关西大学,森鹿三的学生藤善真澄教授,专门为本科生开设了《水经·江水注》的课程,我也于1983年应邀为该校大学院(研究生院)讲授《水经注》课程。1985年,我又应邀到国立大阪大学从事《水经注》的讲学和研究。在中国,湖北师范学院曾于1946～1947年间,由唐祖培教授开设过《水经注疏》研究的课程,这是中国大学讲授《水经注》课程的创始,但以后即告中辍。在这方面,似乎有向日本学习的必要。

国外的郦学研究,除日本以外还有印度。据吴晓铃发表于北京图书馆《文献》第十五辑(1983年3月)中的《书胡适跋芝加哥大学藏的赵一清水经注释后》(按胡适此文收入于《手稿》第四集下册)的文章,该文提到:"我于四十年代在印度孟加拉邦的国际大学中国学院任教时,曾和汉学家师觉月博士(Dr. Praboddha Chandra Bagchi)合作翻译过《永乐大典》本《水经注》。"胡晓铃的文章因为过于简单,我们无从知道,当年他与师觉月博士合译的大典本《水经注》,是译成英语抑是印地语。全书最后有否译成或出版,或是译成了全书中的哪些部分,都还有待进一步了解。

第十章 《水经注》的错误和学者的批评

郦学确实是郦道元留给后世的一宗宝贵财富,《水经注》的卓越贡献人所共见。但是这当然不是说《水经注》就没有错误,一部一千四百多年前的著作,描述的地区如此之大,涉及的资料如此之多,错误显然是在所难免的。

上面已经引述了许多古人对《水经注》的好评,同样也不等于对此书就没有批评。对于一部古书,尽管是一部不朽名著,由于成书甚早,作者在此书上所作大量河川地理的研究,只是根据他当时的条件和认识水平。以后条件不断改变,人们对地理环境的认识水平有了提高,后来的学者发现了前人的错误,因而提出批评,这是必然的事,也是正常的事。

历史上最早对《水经注》提出批评的,大概是唐代的杜佑,他是从黄河发源和黄河重源的问题上对郦道元提出批评的。当然,杜佑批评的首先是《水经》,但郦道元为《水经》作注,却没有改正《水经》在这个问题上的错误,所以同时批评了《水经注》。他说:

> 《水经》所云：河出昆仑者，宜出于《禹本纪》、《山海经》；所云南入葱岭及出于阗南山者，出于《汉书·西域传》。而郦道元都不详正。……自葱岭之北，其《本纪》灼然荒唐，撰经者取以为准的。班固云：言九州山川者，《尚书》近之矣。诚为恰当。其后《汉书·西域传》云：河水一源出葱岭，一源出于阗，合流东注蒲昌海，皆以潜流地下，南出积石为中国河云。比《禹纪》、《山海经》犹较附近，终是纰缪。[①]

杜佑批评这个错误的文字很长，不能一一抄录，但其中对郦注的指责，使用了“殊为诡诞，全无凭据”的话。这恐怕是历来对此书最严厉的批评了。

要说这个错误的造成，其来历实在相当悠久。昆仑山原来是一座古代传说中的山岳。“昆仑”一词，如我在《读水经注札记之二》[②]中所说是一个传入很早的外来语，把昆仑作为山名不知始于何时。但有一点可以肯定，在早期，昆仑山并无具体的地理位置，它的地理位置是在西汉时代确定的。据《史记·大宛列传》：“汉使穷河源，河源出于阗，其山多玉石，采来，天子案古图书，名河所出山曰昆仑山。”这里的“汉使”是张骞，“天子”则是汉武帝。其实，张骞当年在这座被汉武帝定为昆仑山的山下所发现的河源，乃是塔里木河支流之一的和田（阗）河的上源。这件事不仅张冠李戴，而且还替黄河重源的谬论种下了根子。因为以后人们随即发现，黄河发源于积石山，与蒲昌海（即今罗布泊）相去很远。由于河出昆仑的先入之见，于是又

① 《通典》卷一七四，州郡四。
② 《明报月刊》，1990年9月号。

臆造了黄河从蒲昌海潜入地下，又从积石山冒出来的说法。这就是长期来以讹传讹的黄河重源。

张骞当年的这个发现，与他同时的司马迁就并不相信。在《大宛列传》的末尾，司马迁写了几句称为“赞”的话，他说：“今自张骞使大夏之后也，穷河源，恶睹《本纪》所谓昆仑者乎？故言九州山川，《尚书》近之矣，至《禹本纪》、《山海经》所有怪物，余不敢言之也。”司马迁告诉我们，前面所谓“天子案古图书”，指的就是《禹本纪》和《山海经》，《禹本纪》早已亡佚，我们只能从《大宛列传赞》中看到司马迁所引的一句：“《禹本纪》言：河出昆仑，昆仑高二千五百余里，日月所相避隐为光明也。”单看这一句，则杜佑说它“灼然荒唐”，就毫不过分。错误由来已久，《水经》承袭了这个错误，郦道元由于没有对这个错误加以“详正”，所以也受到严厉的批评。当然，在郦道元的时代，要认识到黄河重源的错误是困难的。直到清代，像胡渭①、董祐诚②这样著名的地理学家，尚且对这种说法坚信不疑，何况在一千多年以前呢。

对于我国古代西北部分的地理概况，《水经注》记载所出现的错误，当然还不仅黄河重源。卷一《河水注》中所描述的今新疆、帕米尔以及印度北部的一些河流，包括印度河和恒河的上源在内，也存在不少错误。明代的周婴曾在这方面提出过批评：“皆蹑法显之行踪，想恒流之洄洑，其间水陆未辨，道里难明，所计差池，厥类亦众。”③这段评论的意思，是指《水经注》对这个地区的描述，都是抄的《法显传》④，并且造成了许多错误。

① 《禹贡锥指》卷十三上。
② 《水经注图说残稿》卷一。
③ 《析郦》，载《卮林》卷一。
④ 《水经注》卷一、卷二引此书作《法显传》、《释法显》、《法显》。

当然，错误确实是不少的，章巽在其《水经注和法显传》[①]一文中，比较详细地列举了这些错误。不过，周婴所谓"皆蹑法显之行踪"的话，或许稍嫌片面。因为《水经注》记载这个地区，其所引文献，计有《释氏西域记》、《广志》、《外国事》等十种，《法显传》只是其中之一而已。而且在全部注文之中，引《释氏西域记》的达十五处，引《法显传》只有八处。[②] 说明《法显传》在他的参考文献中，还不算最重要的。周婴与杜佑不同，他在指出《水经注》错误的同时，也充分肯定了此书的成就："括地脉川，细奇珍异，六合之外，宛在目中，三竺之流，如濴足下，神州地志，斯为最瑰矣。"[③]

对于我国的北部，郦道元足迹甚广，因此《水经注》对这个地区的记载，历来素为学者所称道。前面已经提到过清代郦学家刘献廷的评论："北方诸水，毫发不失，而江、淮、汉、沔之间，便多纰缪。"[④]刘献廷的评论当然有他的依据，郦注中北方诸水的记载远胜于南方诸水，这也是众所共见的事实。但北方的范围甚大，河川众多，郦注所载也未必完全无误。兹以卷十四《濡水》一篇为例，经"濡水从塞外来，东南过辽西令支县北"注中，注文对濡水发源的记载，即是一个明显的错误。注云：

> 濡水出御夷镇东南，其水二源双引，夹山西北流，出山，合成一川。

① 《中华文史论丛》，1984 年第 3 辑。

② 参见拙作《水经注记载的南亚地理》，载《南亚研究》，1983 年第 4 期，又收入于《水经注研究二集》。

③ 《析郦》。

④ 《广阳杂记》卷四。

对此，殿本加案语云：

> 案濡水即今滦河，源出巴延屯图古尔山，名都尔本诺尔，西北至茂罕和硕，三道河始东会之。道元当时未经亲履其地，遂以夹山来会之三道河为滦河正源，殊属失实。

在同一经文之下，还有一段关于三藏水的描述，注云：

> 濡水又东南流，武列水入焉，其水三川派合，西源右为溪水，亦曰西藏水，……西藏水又西南流，东藏水注之，水出东溪，一曰东藏水，西南流，出谷，与中藏水合，水导源中溪，南流出谷，南注东藏水，故目其川曰三藏川，水曰三藏水。东藏水又南，右入西藏水。

对此，殿本加案语云：

> 案西藏水，即今之固都尔呼河，先合中藏水，即今之茅沟河，次合东藏水，即今之赛音河。郦氏叙东藏水于中藏水之前，以为东溪、西溪合流，而与西源会，殊乖川流之次。……道元之附会耳食，显然无疑。

在《濡水》一篇中，除了上述两处河道记载的错误外，还可以再找出另一处性质不同的错误。在经“又东南过海洋县西，南入于海”注中，有一段关于管仲和齐桓公征孤竹的故事。注云：

又按《管子》，齐桓公二十年，征孤竹，未至卑耳之溪十里，闟然止，瞠然视，援弓将射，引而未发。谓左右曰：见前乎？左右对曰：不见。公曰：寡人见长尺而人物具也，冠，右祛衣，走马前，岂有人若此乎？管仲对曰：臣闻岂山之神有偷儿，长尺人物具，霸王之君兴，则岂山之神见，且走马前。祛衣，示前有水；右祛衣，示从右方涉也。至卑耳之溪，有赞水者，从左方涉，其深及冠；右方涉，其深至膝。已涉大济，桓公拜曰：仲父至圣至此，寡人之抵罪也久矣。今自孤竹南出，则巨海矣，而沧海之中，山望多矣，然卑耳之川若赞溪者，亦不知其所在也。昔在汉世，海水波襄，吞食地广，当同碣石，苞沦洪波也。

前面指出的两处错误，都是河川水道上的错误，属于地理学的错误。而后面的这个错误，则是郦道元对古代文字理解的错误，因而引出了这条实际上并不存在的赞水或赞溪来。郦道元因为找不到这条河流，因而认为它已于汉代沦入海中。他的这一错误，造成了后世不少学者的以讹传讹。宋程大昌也把赞水作为一条河流，[①]清赵一清认为赞水是辟耳山的拘夏溪，[②]清胡渭则认为赞水在乐亭县西南。[③] 这些学者各执一端，都希望能找到这条名为赞水或赞溪的河流，但结果都是徒劳。这个由郦道元开端的错误，一直延续到晚清，才由孙诒让加以纠正，原来是郦道元误解了赞水这个词汇的意义。孙诒让说：

---

① 《禹贡论》上，十四。

② 《水经注释》卷十四《濡水注》，赵一清释。

③ 《禹贡锥指》卷十一上。

案上引《管子》，齐桓公至卑耳之溪，有赞水者，从左方涉，其深及冠；右方涉，其深到膝。文见《小问》篇。房注云：赞水，谓赞引渡水者，是彼水即指卑耳溪水，赞者，谓导赞知津之人，诏桓公从右方涉耳，非卑耳之旁，别有溪水名赞者也。郦氏殆误会恉。①

从上述《濡水》一篇的错误中，可以说明，《水经注》记载的北方诸水中，错误也是常见的。刘献廷所说的："北方诸水，毫发不失"，不免夸大。对于一部一千多年前撰述的古代地理书，用"毫发不失"的要求来衡量，也是不现实的。

至于南方的河流，由于郦道元足迹未到，完全依靠他人的文献资料进行撰述，错误必然更多。而且与北方河流的错误不同。像上面指出的《濡水注》中的错误，应该说是较小的错误。在北方主要河流或这些河流的主要支流中，错误是不多的。但南方河流则不然，在许多错误之中，也有主要河流和这些河流的主要支流中的错误。关于这方面，黄宗羲在《今水经序》中谈得非常仔细。他说："余越人也，以越水证之，以曹娥江为浦阳江，以姚江为大江之奇分，苕水出山阴县，具区在余姚县，沔水至余姚入海，皆错误之大者。"

黄宗羲所举的是他的家乡越州的例子，同样，陈澧在《水经注西南诸水考》②一书的序言中指出："郦道元身处北朝，其注《水经》，北方诸水，大致精确，至西南诸水，则几乎无一不误。"的确，在南方诸水中，尽管郦道元在资料鉴别中也下过一番功夫，但是由于不少文献出于北方学者之手，这些学者对南

① 《札迻十二卷》卷三。

② 道光二十七年陈氏自刊本。

方的山川地理,本来就并不清楚,鲁鱼亥豕,所在多有,郦道元无法一一核实,因而就把这类错误流传了下来。因为《禹贡·扬州》下有“三江既入”的话,又出现“北江”、“中江”两个地名,但并不一定与“三江”有关,“三江”一名,很可能是表示多数的意思。从《汉书·地理志》又臆加“南江”,连同“中江”和“北江”,以敷合《禹贡》“三江”之数。于是,大江南北,就这样存在了两条与大江平行的北江和南江,在中国历史上传讹甚久,《水经注》同样在卷二十九《沔水》经“分为二:其一东北流,其一又过毗陵县北,为北江”注中提出了“江即北江也”,“江水自石城东出迳吴国南为南江”等错误说法。其实,北江和南江都是并不存在的河流。另外还有一条并不存在的河流是卷三十九《庐江水》一篇中的庐江水。此篇只有一句经文:“庐江水出三天子都北,过彭泽县西,北入于江。”这条经文的来源,显然是根据《山海经·海内东经》:“庐江出三天子都,入江彭泽西,一曰天子鄣。”郦道元为这条经文作注,写了大约一千三百字的文章,主要是描述了庐山的各种风光,并写下“望九江而眺钟彭”一语(指石钟山和彭蠡泽)。按地理位置,显然是在今长江以南的鄱阳湖西边。但今天在这个地区根本找不到一条可与庐江水相当的河流,使得以后的学者为此煞费考证功夫。杨守敬认为这条《水经注》称为庐江水的河流,当是今安徽省境内的长江支流清弋江。① 但清弋江距庐山三百多公里,江口根本没有像庐山一类的高山,即使有,也无法从这里远眺“钟彭”。十分明显,庐江水是一条由古代不谙南方地理的北方人所附会的并不存在的河流。但郦道元也无法否定这条河流的存在。

最后,历来学者对《水经注》批评较多的另一方面,是郦道

① 《山海经、汉志、水经注庐江异同答问》,载《晦明轩稿》上册。

元在资料选择和撰述中的嗜奇引博的倾向。前面已经提及的清凌扬藻所说的"但嗜奇博，读者眩焉"即是其例。明郦学家杨慎在其《水经序》[1]中也说："若郦氏注衍为四十卷，厌其枝蔓太繁，颇无关涉，首注'河水'二字，泛引佛经怪诞之说，几数千言，亦赘已。"全祖望为赵一清《水经注释》所撰序言中也说："乃以过于嗜奇，称繁引博。"杨守敬在其《水经注疏》卷四十《禹贡山水泽地所在》经"朱圉山在天水北，冀城南"注"鸣浅殃万物，鸣深则殃君王矣"下疏云："守敬按，《渭水》篇叙朱圉之石鼓，本《十三州志》及《汉书·五行志》详叙之，此别引《开山图》二条，盖故示博。"由此看来，在郦道元的撰述中，称奇引博的思想确实是存在的。

关于这方面的另外一个明显的例子在卷三十九《赣水》经"又北过南昌县西"注中。这里，注文对建成县的"燃石矿"作了记载。对于这种矿物，南朝宋雷次宗在《豫章记》中曾有清楚的描述："县有葛乡，有石炭二顷，可燃以炊"。对于我国境内的煤炭资源的记载，以及"石炭"这一科学名称的使用，《豫章记》是现存最早的资料。《豫章记》是地理大交流时代撰写的所谓六朝地志之一，郦道元在《赣水注》中两次提到雷次宗之名，同卷《庐江水注》中，也引用了《豫章记》，说明这是他作注时的常用文献之一。但是他在记载建成县的这种矿物时，却偏偏不用《豫章记》而用了《异物志》的说法："《异物志》曰：石色黄白而理疏，以水灌之，便热；以鼎著其上，炊足以熟。置之则冷，灌之则热，如此无穷。"

用现在的尺度来衡量，《豫章记》对煤炭的科学描述，当然比《异物志》那种牵强附会的说法要好得多。但由于前者看来

① 《水经注释附录》卷上。

平淡无奇，而后者则是一种奇谈怪论，因而郦道元采用了后者。

如上所述，说明像郦道元这样的人物所撰写的《水经注》这样的名著，毕竟也存在不少缺点和错误，历来也曾有不少学者提出过许多批评。让今天的读者了解这方面的事实，实在也是很有必要的。当然，所有这些缺点和错误，对于这部历史名著所取得的成就来说，都是瑕不掩瑜的。

结　语

以上是郦道元一生思想行历的评论。一切评论都没有离开《水经注》，假使没有《水经注》，要评论郦道元这样的人物，真是不可想像的。

前面曾引《魏书》和《北史》，郦道元的著述有："注《水经》四十卷，《本志》十三篇，又为《七聘》及诸文。"在他的这些著作中，《水经注》竟能众亡独存，这实在是我国文化史上的一件十分难得的幸事。假使《水经注》也像《本志》和《七聘》那样地早已亡佚，不仅在人类的文化遗产中损失了这样一宗宝贵财富，后人看不到如此一部卓越绝伦的不朽名著，而对于郦道元本人，以后也无非是研究魏晋南北朝历史的学者偶然触及，从《北史》来看，他不过是个无足轻重的一般人物；从《魏书》来看，他竟是个被人所不齿的酷吏。

《水经注》一书，从撰述到幸存，不仅是一件大事，而且也是一种奇迹。香港郦学家吴天任教授撰《郦学研究史》[①]一书，嘱序于我，我在序言中说：

> 《水经注》一书，撰述于国家分裂，战祸连绵，人民流离，生灵涂炭之时代，赖郦道元之卓越天才与非凡勤奋，人间才得有此一部不朽名著。而这部名著从其诞生之日始，却又命途多舛。郦氏蒙难于阴盘，洛阳毁灭于兵燹。苍天悯人，竟令书稿幸存于灰烬之中。

这部幸存于水火蠹鱼之中的书稿，真是不同凡响。如我在《郦道元生平考》[②]一文中所说：

> 这是一部彪炳千秋的伟大作品，它不仅是一部杰出的地理著作，而且郦道元毕生的思想抱负，也都凝结在这部著作之中，因此，今天我们研究郦道元的生平事迹，这部三十余万字的不朽名著，对于我们的重要性，显然绝非寥寥三〇九字的《魏书》本传和六一二字的《北史》本传（包括全文抄录《魏书》本传的三〇九字在内）可以相比。对此书进行深入的分析和研究，虽然时隔一千四百多年，但郦道元的音容气质，仕宦业绩，似乎还历历如在。

所以我在本书的《郦道元及其家世》一章中指出："从思想

① 台湾台北县，艺文印书馆，1991年版。
② 《地理学报》，1988年第3期。

感情的高度来说，这是他的一部自传，一部境界很高的自传。对这部自传进行细致深入的剖析，郦道元的生平业绩和思想感情，都可以和盘托出。”

这样看来，我们确实不必埋怨历来学者没有为郦道元写详细的传记，以弥补《魏书》和《北史》的疏缺。因为许多郦学家，特别是明清以来的考据学派郦学家，他们尽毕生精力，呕心沥血，刻苦钻研，使《水经注》从宋代以来的残籍逐渐走向完璧。他们的工作，其实就是完整和充实郦道元的这部传记。所以我在上述吴撰《郦学研究史》的序言中说：

> 《水经注》一书，从撰述到流传，固已是人间奇事，而历代郦学家对此书辛苦耕耘，惨澹经营，终至集腋成裘，聚沙为塔，形成如此一门弘大渊博之郦学。《诗·周颂·敬之》云：“学有缉熙于光明。”其言铮铮，足以为古今学人式。如今郦学光华，环宇共照，益可证此言之不虚也。

《水经注》和郦道元已经融为一体。今天，我们开展卷帙，仿佛就看到这位身跨战马，手执图籍的巨人，他正在原野高处，满怀深情地环视着秀丽的祖国河山。我们也似乎看到了从他身上迸发出来的一股笼罩在我们的广大版图之上和凝聚在我们的众多民族之间的巨大力量。

索 引

人 名 索 引

五　画

六　画

七　画

八　画

九　画

十　画

十一画

十二画

十三画

十四画

十五画

文献索引*

二画

三画

---

* 《水经注》因引用甚多,故索引中不录入分篇之目,如《河水注》、《江水注》等均仍作《水经注》录入。其余各书均分篇录入,如《汉书·地理志》、《论衡·书虚篇》等。

四 画

五　画

六　画

七 画

八 画

九 画

十 画

十一画

十三画

十四画

十五画

十六画

十七画

十九画

二十一画

重要词语索引

五　画

六 画

七 画

八 画

十二画

十三画

十四画

十五画

十六画

十八画

二十画

图书在版编目(CIP)数据

郦道元评传 / 陈桥驿著. —南京：南京大学出版社，1994.1(2006.12 重印)
(中国思想家评传丛书/匡亚明主编)
ISBN 978-7-305-02045-2

Ⅰ.郦… Ⅱ.陈… Ⅲ.郦道元(466? ～527)—评传 Ⅳ.K825.89

中国版本图书馆 CIP 数据核字(2006)第 044105 号

中国思想家评传丛书
郦道元评传
陈桥驿 著

南京大学出版社出版发行
社址：南京市汉口路 22 号 邮编：210093
电话：025-83596923 025-83592317 传真：025-83328362
网址：http://www.NjupCo.com
电子邮箱：Press@NjupCo.com
Sales@NjupCo.com(市场部)
南京爱德印刷有限公司印刷
开本 850×1168 1/32 印张 9.5 字数 206 千
1994 年 4 月第 1 版 2006 年 12 月第 4 次印刷
印 数 5501—6500
ISBN 978-7-305-02045-2

定价：29.00 元

